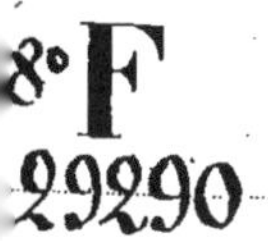

FACULTÉ DE DROIT DE L'UNIVERSITÉ DE BORDEAUX

DE
L'ÉMISSION DES BILLETS DE BANQUE
EN YOUGOSLAVIE

THÈSE POUR LE DOCTORAT

(Sciences politiques et économiques)

Soutenue devant la Faculté de Droit de Bordeaux

le jeudi 20 décembre 1923, à 2 h. 1/2 du soir

PAR

Yovan GACHITCH

BORDEAUX
IMPRIMERIE DE L'UNIVERSITÉ
Y. CADORET
17, Rue Poquelin-Molière, 17

1923

FACULTÉ DE DROIT DE L'UNIVERSITÉ DE BORDEAUX

DE
L'ÉMISSION DES BILLETS DE BANQUE
EN YOUGOSLAVIE

THÈSE POUR LE DOCTORAT

(Sciences politiques et économiques)

Soutenue devant la Faculté de Droit de Bordeaux

le jeudi 20 décembre 1923, à 2 h. 1/2 du soir

PAR

Yovan GACHITCH

BORDEAUX
IMPRIMERIE DE L'UNIVERSITÉ
Y. CADORET
17, Rue Poquelin-Molière, 17

1923

FACULTÉ DE DROIT DE L'UNIVERSITÉ DE BORDEAUX

PROFESSEURS HONORAIRES : MM. SAUVAIRE-JOURDAN, ✿ I.; BARDE, ✿ I.

MM. DUGUIT, O. ✱, ✿ I., *Doyen*, professeur de *Droit constitutionnel et administratif*.

DE BOECK, ✿ I., *Assesseur du Doyen*, professeur de *Droit international* et chargé d'un cours de *Droit international privé* (Licence).

BENZACAR, ✿ I., professeur d'*Économie politique* et chargé d'un cours de *Législation financière* (3e année).

FERRON, ✿ I., professeur de *Droit commercial*.

FERRADOU, ✿ I., professeur d'*Histoire du droit* et chargé d'un cours d'*Histoire du droit* (Doctorat).

MARIA, ✿ I., professeur de *Droit romain*.

MARGAT, ✿ I., professeur de *Droit civil* et chargé d'un cours de *Droit civil* (Capacité).

BONNECASE, ✿ A., professeur de *Droit civil* et chargé d'un cours de *Droit maritime* (3e année).

PALMADE, ✿ A., ✠, professeur de *Droit civil* et chargé d'un cours de *Droit civil* (Capacité).

VIZIOZ, professeur de *Procédure civile* et chargé d'un cours de *Droit civil comparé* (Doctorat).

PIROU, ✿ A., professeur d'*Économie politique et Science financière* et chargé d'un cours d'*Histoire des doctrines économiques*.

BONNARD, ✿ I., ✠, professeur de *Droit administratif* et chargé d'un cours de *Droit constitutionnel* (Doctorat).

POPLAWSKI, professeur de *Droit criminel* et chargé d'un cours de *Législation industrielle*.

BOYÉ, chargé du cours de *Droit romain* (2e année) et du cours de *Pandectes*.

M. MONTIGAUD, ✿ I., *Secrétaire*.
Mme COSTES, *commise au secrétariat*.
M. SALINGARDES, ✿ I., *bibliothécaire*.

COMMISSION DE LA THÈSE

MM. BENZACAR, professeur .... *Président*.
PALMADE, professeur .... } *Suffragants*
PIROU, professeur .... }

DE

L'ÉMISSION DES BILLETS DE BANQUE

EN YOUGOSLAVIE

INTRODUCTION

Pour exposer le système actuel de l'émission des billets de banque en Yougoslavie, nous avons été obligés de traiter de l'émission depuis la création de la Banque Nationale de Serbie.

Nous ne pourrions, en effet, présenter un exposé complet et compréhensible du système de l'émission, tel que l'a créé la loi de 1920, si nous n'étudions préalablement le système de l'émission tel que l'avaient conçu la loi de 1883 et les lois postérieures. La Yougoslavie, pays de création récente, né de la dernière guerre, n'est en somme que l'agrandissement de l'ancien Royaume de Serbie, par l'adjonction des provinces slaves environnantes. Nous sommes donc obligés de parler longuement de l'émission sous le régime de la « Banque Nationale de Serbie », car la nouvelle « Banque du Royaume des Serbes-Croates-Slovènes » n'est que la continuation directe de la Banque serbe. On ne pourrait dès lors saisir le fonctionnement du nouvel établissement sans connaître les rouages du précédent.

Nous avons été amenés à nous étendre sur l'émission en Serbie par suite des particularités qu'elle présentait. Nous verrons, en effet, qu'il y avait deux sortes de billets : un billet remboursable en or et un billet remboursable en argent.

En ce qui concerne l'émission en Yougoslavie, nous avons eu à traiter de questions nouvelles dans l'ordre monétaire, telles que la coexistence de billets sans aucun rapport entre eux, émis par des banques de différents Etats; la dépréciation de ces billets, conséquence directe de leur surabondance; le retrait de ces mêmes billets et l'unification monétaire qui s'imposait dans l'intérêt général du pays.

Aussi, avons-nous dû diviser notre étude en deux parties: la première, consacrée à l'émission des billets de banque en Serbie; la deuxième, à l'émission des billets de banque en Yougoslavie. Mais ces deux parties ne forment qu'un seul tout, l'une étant la suite de l'autre. En un mot, nous avons exposé l'évolution qui a pour terme le régime actuel.

PREMIÈRE PARTIE

L'EMISSION DES BILLETS DE BANQUE EN SERBIE

CHAPITRE PREMIER

Aperçu sur la situation économique et monétaire de la Serbie avant la création de la Banque d'Emission.

Au commencement de la seconde moitié du XIXe siècle, la Serbie était un pays dont la situation économique était peu prospère; après avoir subi la domination turque, elle venait de reconquérir sa liberté; son indépendance fut reconnue par le traité de Berlin en 1878.

A cette époque-là le commerce et la production en Serbie étaient encore peu développés; le commerce extérieur se faisait presque uniquement avec l'Autriche-Hongrie, l'exportation était limitée à une petite quantité de céréales, car la Serbie était exclusivement un pays agricole. Par contre, l'importation s'étendait à tous les objets manufacturés, l'industrie se trouvant encore à l'état d'embryon.

L'organisation du crédit était très faible, se composant de cinq ou six institutions à peine. Généralement on subvenait aux besoins du crédit par des modes primitifs : on se prêtait entre amis, soit de la main à la main, soit sur gage. Une sorte de prêteurs d'argent professionnels, que l'on appelait *Sarafs* et quelques petits capitalistes assuraient les besoins du crédit dans une certaine mesure, mais à des taux très élevés; l'intérêt légal était bien fixé à un maximum de 12 %; mais, par certains procédés, employés fréquemment, on arrivait souvent à tourner la loi, et on faisait payer l'intérêt parfois jusqu'à 50 %; seul le crédit hypothécaire était quelque peu mieux organisé, grâce à une institution créée par l'Etat en 1862 : « Ouprava Fondova » (1) (Crédit Foncier).

La guerre de 1876-1878, que la Serbie a eu à supporter contre la Turquie, a encore empiré cet état de choses en dévastant le territoire de l'est de la Serbie.

Avant d'aborder la question de l'émission des billets de banque, il nous est utile de jeter un coup d'œil sur la situation monétaire de la Serbie avant la création de la Banque Nationale, car, d'après la loi de 1885, l'émission des billets a pour couverture l'or, et surtout l'argent.

Jusqu'aux dernières années du XIXe siècle il n'y eut pas, à proprement parler, de monnaie métallique nationale. Les premières pièces furent frappées en 1873; c'étaient : le dinar en argent (pièces de 0,50, de 1 et de 5 dinars), et plus tard, en 1878, le dinar en or, (pièces de 10 et de 20 dinars). Toutefois, à côté de cette monnaie nationale, circulaient d'autres monnaies métalliques étrangères, surtout des piè-

(1) L'Ouprava Fondova est un établissement de crédit qui est chargé de consentir des prêts hypothécaires avec les fonds provenant des retenues opérées sur les appointements mensuels des fonctionnaires (pour constituer leur retraite) avec les fonds judiciaires et les dons faits aux écoles et aux églises.

ces autrichiennes de 10 couronnes en or, appelées *ducats*, seule, la monnaie serbe avait cours légal. Les monnaies étrangères n'étaient acceptées par les caisses de l'Etat qu'en vertu de décisions spéciales du gouvernement et pour la valeur qu'il déterminait.

Ce régime monétaire a été créé en Serbie par deux lois successives : la première du 30 novembre 1873 et la seconde du 30 décembre 1878; ces deux lois ont fait cesser l'état pitoyable de la situation monétaire antérieure.

Avant 1873, il y avait en Serbie toutes sortes de monnaies métalliques appartenant à divers Etats étrangers; on n'en compte pas moins de quarante ayant toutes cours légal et chacune sa valeur déterminée par les tableaux que le gouvernement (le Prince), publiait périodiquement. Par suite de cette situation, il se trouvait exister en Serbie, à cette époque, deux cours légaux et, à côté, un cours du marché libre. Un premier cours légal, dénommé « cours d'imposition », est celui suivant lequel s'opérait le recouvrement des impôts; c'est-à-dire que les contribuables devaient le respecter pour tous paiements des impôts et taxes diverses dus à l'Etat; le second, appelé « cours du marché légal », mais différant sensiblement du premier et se rapprochant du cours du marché libre, était établi par le ministre des Finances, après avis du Comité des Commerçants; ce cours était destiné à faciliter la liquidation des créances et des dettes entre particuliers, en l'absence de clauses spéciales, insérées dans les contrats et spécifiant la valeur des monnaies différentes, valeur suivant laquelle le remboursement ou règlement devait s'effectuer. En effet, les particuliers avaient coutume de stipuler dans leurs contrats le cours des diverses monnaies. De plus, les paiements effectués pour le compte de l'Etat, ou par l'Etat lui-même, se faisaient suivant ce cours du marché légal, lorsqu'un décret n'intervenait pas pour spécifier suivant quel cours se ferait le règlement.

La coexistence de ces deux cours légaux et du marché libre, bien que présentant de gros inconvénients pour les particuliers et pour l'Etat lui-même, semblait correspondre cependant le mieux à la situation monétaire d'alors. Par suite, se fit vivement sentir la nécessité de créer une unité monétaire nationale pour pallier aux inconvénients résultant de la circulation simultanée des différentes monnaies étrangères.

La convention de Paris de 1865, qui créa l'Union latine entre la France, l'Italie, la Belgique et la Suisse, a contribué pour une grande part à l'élaboration du système monétaire serbe. C'est en s'inspirant de ladite convention que les deux lois, indiquées plus haut, ont établi les bases du système monétaire. La première loi (30 nov. 1873), a autorisé le gouvernement à procéder à la frappe de la monnaie d'argent serbe sur la base fixée par l'Union latine, et a ainsi créé le « dinar », unité monétaire. Mais ce n'est que par la seconde loi (du 10 déc. 1878), prescrivant la frappe de la monnaie d'or, que le système du dinar comme unité monétaire, a été définitivement établi. Cette loi eut pour effet de remédier aux inconvénients existant antérieurement. Le premier article de la loi du 10 décembre 1878 se reporte à la convention de Paris de 1865. Il décide, à son exemple, que le dinar est l'unité monétaire nationale; que le dinar se divise en 100 paras (centimes), qu'il contient

835/1000 de métal fin (argent). Son poids et ses dimensions étant déterminés par la même loi.

Il nous reste à préciser un fait concernant les pièces d'argent serbes.

En 1873, la Serbie a fait frapper des pièces d'argent (de 0,50, 1 et 2 dinars). Ces pièces constituaient la monnaie divisionnaire, c'est-à-dire que, d'après leur composition et leur poids, elles avaient une valeur métallique moindre que leur valeur nominale. En 1878, la Serbie a fait frapper des pièces d'or et des pièces d'argent de 5 dinars, monnaie à valeur pleine, dont la valeur métallique est sensiblement égale à la valeur nominale puisqu'elles ont été frappées au titre de 9/10. Les pièces d'argent de 0,50, 1 et 2 dinars ont eu leur pouvoir libératoire limité à 50 dinars. Mais ce qui est moins compréhensible, c'est que le législateur n'ait pas accordé aux pièces de 5 dinars (monnaie à valeur pleine), un pouvoir libératoire illimité, ne reconnaissant ce pouvoir que jusqu'à concurrence de 500 dinars.

Depuis 1878, l'or et l'argent ont eu cours légal; la proportion légale était de 1 à 15 1/2. Nous savons que les pièces d'or sont de la monnaie à valeur pleine, ces pièces ont toujours eu le pouvoir libératoire illimité; ce pouvoir était, par contre, limité pour les pièces d'argent, même pour celles de ces pièces qui étaient à valeur pleine. Cependant, le rapport légal de 1 à 15 1/2 entend reconnaître la force libératoire aux deux métaux.

Cette contradiction ne peut s'expliquer que d'une seule manière. Nous savons que la Serbie a eu d'abord l'intention d'introduire chez elle le système de l'Union latine et nous avons déjà vu que la loi de 1878 s'est inspirée de la convention de Paris de 1865. Seulement, malgré la première intention du législateur, cette loi n'a pas adopté le bimétallisme. En Serbie, l'émission de la monnaie d'argent est restée libre, mais son pouvoir libératoire a été limité, tandis que les pays de l'Union latine sont restés dans le bimétallisme légal; l'or et l'argent y ont toujours eu un pouvoir libératoire illimité, mais l'émission des pièces d'argent de 5 francs a été suspendue par la convention de Paris du 5 novembre 1878.

Nous verrons dans les pages suivantes, lorsque nous parlerons de l'émission des billets de banque en Serbie, les fâcheuses conséquences de cette législation pour la convertibilité des billets de banque.

Pour terminer cet exposé, nous donnons ici le tableau de la situation monétaire en Serbie telle que nous la trouvons à la veille de la création de la Banque Nationale :

Situation monétaire de la Serbie à la veille de la création de la Banque d'émission.

En 1883, c'est-à-dire l'année de la création de la Banque d'émission, il a été frappé :

En or, 10 millions de dinars en pièces de 10 et 20 dinars.

En argent, 9 millions de dinars en pièces de 0,50, 1, 2 et 5 dinars.

En nickel, 3 millions 200 mille dinars en pièces de 0,05, 0,10 et 0,20 dinars.

En cuivre, 1.874.737 dinars.

Les 10 millions or ont été frappés moitié en pièces de 10 dinars et moitié en pièces de 20 dinars.

L'argent :

1.300.000 en pièces de 0,50 dinar.
3.200.000 en pièces de 1 dinar.
3.500.000 en pièces de 2 dinars.
1.000.000 en pièces de 5 dinars.

Total. 9.000.000

Le nickel :

2.200.000 en pièces de 0,05 dinar.
500.000 en pièces de 0,10 dinar.
500.000 en pièces de 0,20 dinar.

Total. 3.200.000

Le cuivre :

40.000 en pièces de 0,01 dinar.
501.580 en pièces de 0,05 dinar.
1.333.157 en pièces de 0,10 dinar.

Total. 1.874.737 dinars.

Ce tableau nous fait connaître la quantité de monnaie métallique nationale en circulation, antérieurement à la fondation de la Banque d'émission. Signalons, toutefois, que cette monnaie nationale n'est pas la seule qui soit employée. D'autres monnaies étrangères, pièces d'or, d'argent et de cuivre, sont admises à côté de la monnaie nationale. Ces pièces étrangères ont force libératoire comme les pièces serbes; seulement, elles ne sont pas acceptées à leur valeur nominale, leur valeur marchande étant déterminée par les tarifs établis par le gouvernement. Cette situation n'a pas duré longtemps et, en 1887, seul le dinar avait cours légal.

CHAPITRE II

Création de la Banque Nationale de Serbie.

Tant que le commerce et la production en Serbie étaient peu développés, la quantité de monnaies métalliques en circulation dans le pays était suffisante pour assurer les transactions. Celles-ci étaient encore peu importantes et en nombre relativement restreint. La Serbie, en effet, malgré l'ancienneté de sa race, et son homogénéité, pourrait être comparée à un pays de population récente et peu modernisé; situé à un croisement de routes naturelles, elle fut victime des invasions et longtemps soumise au joug étranger; tantôt dévastée par la guerre, tantôt pillée par les intendants des vainqueurs, elle dut végéter durant de longs siècles. Aussi, jusqu'à ces dernières années, ignora-t-elle les procédés de la grande culture, ou même la systématisation de l'industrie moderne. Mais, à partir de la seconde moitié du XIXe siècle, et principalement à partir de 1878, date de l'indépendance, industrie et commerce prennent un essor inconnu jusque-là. Les conséquences ne se font pas attendre; suivant pas à pas la marche du progrès économique, l'échange étend ses besoins et appelle la monnaie qui se fait d'autant plus rare. Par ailleurs, l'Etat s'organise; en un mot, un nouveau rouage entre en jeu, mais il ne peut fonctionner sans argent.

Après la guerre de 1876-78, il a fallu songer à l'exécution des engagements pris au Congrès de Berlin; notamment à la construction des chemins de fer destinés à relier l'Europe occidentale avec l'Orient. D'autre part, l'Etat a eu également à liquider la dette contractée à l'intérieur du pays pendant la guerre de 1876-78. Et, quelques années plus tard, en 1882, à la suite de la proclamation de la royauté, l'Etat a eu des besoins d'argent pressants et s'est vu dans la nécessité de recourir à l'emprunt. Il est assez naturel qu'il ait songé qu'une forte institution de crédit, en même temps qu'institution d'émission des billets de banque, pourrait beaucoup l'aider à remplir ses engagements.

Les circonstances qui ont précédé et provoqué la création de la Banque d'émission serbe, et que nous connaissons déjà, peuvent se résumer dans les points suivants :

1° Développement du commerce et de la production;
2° Insuffisance de la quantité de monnaie métallique qui était loin de s'accroître dans la même proportion;
3° Mauvaise situation financière de l'Etat;
4° Manque d'organisation du crédit.

Pour remédier à cet état de choses, l'Etat a songé en premier lieu à l'émission du papier-monnaie. Déjà, en 1876, à la veille de la guerre contre la Turquie, pressé par le besoin d'argent, l'Etat avait sérieusement envisagé l'éventualité d'une telle émission. C'est ce dont témoigne une décision législative, du 19 janvier 1876. Mais, disons-le tout de suite, elle n'a jamais été appliquée, restant lettre-morte. Presque aussitôt, apparaît l'idée de créer une banque d'émission. Après plusieurs tentatives, un projet de loi fut déposé au Parlement et, le 6 janvier 1883, fut consacré par la voie législative le principe de la création d'une banque privée ayant le monopole de l'émission.

Quant à savoir si c'est avec le capital national ou étranger que serait fondée la nouvelle banque, on n'était pas très fixé. L'opinion qui semblait prévaloir se prononçait en faveur des capitaux étrangers avec une participation limitée des capitaux nationaux. L'argument qu'on faisait valoir en faveur de cette opinion était que le capital national eut été insuffisant pour assurer la création de la banque d'émission. Telle était même l'opinion du gouvernement, et la loi de 1883 accordait seulement un droit de priorité au capital national. Mais une forte opposition s'était formée dès les premiers temps et combattait cette idée. Cette opposition a amené le gouvernement à réunir une conférence, composée de notabilités du commerce et de la finance du pays tout entier[1]. Cette assemblée se prononça formellement en faveur du capital national. L'attitude de la conférence a brisé la résistance du gouvernement et a ainsi tranché la question en faveur du capital national. Entre temps, les statuts de la banque ont été élaborés et confirmés. Mais, pour que la banque fût régulièrement constituée, il fallait procéder à la souscription d'actions et au versement du premier quart exigé par la loi. Le travail d'organisation et de réunion des capitaux a été terminé à la fin de l'année 1883 et la première assemblée générale des actionnaires s'est réunie les 26 et 29 janvier 1884. La banque a commencé à fonctionner le 2 juillet 1884. Bien que tardive, cette dotation a été la plus belle que l'on ait pu offrir à la nation serbe, surtout à une époque aussi critique de son existence. Elle devait lui permettre de se relever de cet état de torpeur où elle était restée longtemps. La Serbie, libre désormais, reconnue par les grandes puissances européennes, pouvait espérer, grâce à cet organe nouveau, devenir l'égale des nations environnantes, et même les dépasser.

CHAPITRE III

L'émission des billets de banque sous le régime de la loi de 1883.

Le régime, établi par la loi de 1883, a commencé à être appliqué le 2 juillet 1884, c'est-à-dire que les premiers billets de banque sont entrés en circulation un an et demi après la loi sur la création de la « Banque nationale d'Emission ». Voyons maintenant quel est ce régime :

Nous trouvons un seul établissement ayant le privilège d'émettre des billets de banque. Le législateur serbe s'est donc prononcé en faveur du monopole absolu de l'émission. Dans le plus grand nombre des pays, le monopole de l'émission était déjà légalement réalisé et l'expérience des banques d'émission avait montré tous les dangers du « banking principle ».

La Banque nationale de Serbie est une *banque privée*. C'est une société par actions, dont le capital est fourni par les actionnaires.

Les raisons qui ont poussé le législateur à opter pour une banque privée sont au nombre de deux :

1° L'état avait besoin d'aide financière;

2° Il ne voulait pas encourir de responsabilité en cas de dépréciation possible du billet.

Les billets que la Banque pouvait émettre, d'après la loi de 1883, étaient de 50, 100, 500 et 1000 dinars en or. Ces billets sont remboursables en or, au pair et à vue. Les principaux caractères de ce billet se remarquent à la simple lecture de la mention qu'ils portent. Celle-ci mérite d'être traduite et reproduite ici : « La Banque nationale privilégiée de Serbie paye au porteur la somme de (50, 100, etc. dinars), en or. » Ainsi donc, la Banque se reconnaît débitrice de la somme inscrite sur le billet; elle s'engage à le rembourser en métal jaune, à première présentation et sans aucune déduction, c'est-à-dire à sa valeur nominale. Cela résulte de l'article 10 de la loi.

Examinons de plus près cette disposition législative et voyons quels en furent les résultats.

Tout d'abord, en ce qui concerne les billets que la Banque pouvait émettre, ces billets étaient d'un montant beaucoup trop élevé pour un pays comme la Serbie : en premier lieu, parce que le pays n'avait pas suffisamment d'argent, et, ensuite, parce que le crédit était mal organisé.

N'oublions pas, en effet, que la Serbie était un pays qui, jusqu'alors, n'avait pas, à proprement parler, de commerce au sens large et moderne du mot. La vie était bon marché, parce que l'argent était rare. Dans ce temps-là, un travailleur ne gagnait guère plus d'un dinar par jour, ses dépenses étaient à l'avenant (le pain ne coûtaït pas plus de dix à quinze centimes *ou paras* le kilogramme). L'émission de billets de banque, dont le plus faible en valeur était de cinquante dinars, était-elle bien de nature à remédier au mal qu'on voulait éviter? Evidemment non. Comment concevoir, en effet, qu'un billet de cinquante dinars (au minimum) pût être d'un grand secours aux transactions journalières ? Il était, comme nous l'avons expliqué, extrêmement rare qu'on eût à se servir d'une somme si élevée. En outre, ces billets de banque constituaient une monnaie dont la population ne pouvait que se méfier; jusque-là, nous le savons, elle ne s'était servie que de monnaie métallique, de valeur relativement faible, mais correspondant cependant à ses besoins. De plus, ce n'est pas du jour au lendemain que des gens, étrangers au commerce, se font à l'idée d'une somme d'argent représentée par une simple promesse de payer.

En second lieu, au point de vue économique, l'institution du billet serbe a-t-elle répondu aux espérances qu'on avait fondées sur elle? Ici encore nous allons voir que le législateur avait fait fausse route :

La Serbie, ayant contracté des dettes à l'étranger et, d'un autre côté, n'y ayant placé aucun fonds pour les contrebalancer, en était réduite à alimenter son stock monétaire par le seul moyen de son commerce d'exportation, dont la balance elle-même lui était bien défavorable. Nous reviendrons ultérieurement sur ces faits, mais constaterons toutefois que, pour ces diverses raisons, le billet serbe revenait toujours à la banque pour y être échangé contre de l'or : il ne remplissait pas son véritable rôle.

De la sorte, on peut dire, sans rien exagérer, que la « Banque nationale de Serbie », au début de son fonctionnement n'avait pas le caractère d'une institution d'émission et était presque devenue un simple établissement de crédit, travaillant avec son propre capital. Nous savons que la condition essentielle pour l'existence d'une banque d'émission est d'émettre des billets pénétrant et se maintenant en circulation. Cette condition n'était que partiellement réalisée par la Banque nationale serbe.

Le tableau suivant permettra d'ailleurs de se rendre un compte exact de la situation de la Banque à la fin de chaque mois (1).

Mois	Billets en circulation *(en dinars)*	Encaisse métallique *(en dinars)*	Portefeuille National et étranger *(en dinars)*
31 Juillet 1884......	565.100	2.003.111	973.535
31 Août »	624.800	1.119.455	1.832.852
30 Sept. »	465.100	383.890	2.397.349
31 Oct. »	472.400	635.788	2.103.977
30 Nov. »	467.800	715.126	1.993.681
31 Déc. »	781.800	960.992	2.114.727
31 Janv. 1885......	1.678.500	1.500.542	2.472.131
28 Fév. »	1.080.700	1.153.992	2.303.551
31 Mars »	1.100.700	780.733	2.700.123
30 Avril »	1.015.300	642.973	2.700.833
31 Mai »	698.700	733.011	2.531.259
30 Juin »	772.220	711.475	2.413.201

Ainsi se précise ce que nous avions avancé auparavant. D'après le tableau, nous pouvons voir que, pendant les six premiers mois, le nombre des billets, mis en circulation, n'a pas subi de fluctuation importante. Il est, pour ainsi dire, resté stationnaire. L'encaisse métallique, au contraire, diminuait rapidement et, à la fin du troisième mois, elle était déjà inférieure au montant des billets en circulation, à peu près stationnaire. C'est là le résultat de l'apport incessant des billets aux guichets de la Banque, pour les y échanger con-

(1) Ces chiffres ont été empruntés au livre *La Théorie et la pratique des Banques d'émission*, Vouitch, 1886.

tre espèces destinées aux besoins du commerce extérieur. Remarquons aussi que, à la fin du mois de décembre et surtout au commencement de l'année suivante, le montant des billets en circulation, ainsi que la valeur de l'encaisse métallique, augmentent rapidement. Mais il ne faut pas conclure, de là, à la réussite du billet. Cette augmentation de la circulation des billets et de l'encaisse métallique était plus apparente que réelle. Elle était étrangère au fonctionnement normalement prévu de la Banque. Elle provenait du fait que l'Etat, disposant d'une somme de 1.600.000 dinars en or, destinés à ses dépenses, a échangé cette même quantité d'or contre des billets. Mais, dès que les billets eurent été mis en circulation, les causes déjà signalées jouèrent à nouveau, et, sous leur influence, les billets revinrent à la Banque, tandis que l'encaisse continuait à diminuer.

Nous pouvons maintenant conclure que l'insuccès des billets est dû principalement aux trois raisons suivantes :

1° Le montant élevé des billets ne répondait pas aux besoins des transactions;

2° L'hostilité que les billets rencontraient dans le public à cause de leur nouveauté;

3° La situation financière et économique de la Serbie était mauvaise. On avait besoin d'or pour les payements à l'étranger et non des billets.

Nous avons dit plus haut que la Banque est obligée de rembourser en or les billets émis par elle. Par là, le législateur n'a fait que consacrer le principe de la convertibilité. Cependant, par une disposition de la loi de 1883 (article 10), il a apporté une sérieuse limitation concernant la convertibilité des billets en or. Aux termes de cette disposition, « par un accord entre le ministre de l'Agriculture, du Commerce et de l'Industrie et la Banque, le remboursement des billets en or peut être remplacé par de l'argent, dans une proportion établie par le ministre ». Cette proportion ne devait pas dépasser le maximum de vingt-cinq pour cent. Où cette limitation à la convertibilité des billets nous apparaît très clairement, c'est quand nous nous rapportons aux dispositions de la loi de 1878, qui limite le pouvoir libératoire de l'argent à cinquante dinars (pièces de 0,50, 1, et 2 dinars), et à cinq cents dinars (pièces de 5 dinars). A quelles conséquences peut conduire une semblable mesure? Supposons qu'un particulier, ayant à effectuer des payements à l'étranger, présente à la Banque les billets théoriquement convertibles en or pour les échanger contre espèces, c'est-à-dire contre une monnaie universellement acceptée. Sur la somme que va lui remettre la Banque, contre ces billets, il y aura une certaine quantité de monnaie, dont il ne pourra se servir, non seulement pour ses payements à l'étranger, mais encore dans son propre pays, et pour la somme limitée à cinquante ou cinq cents dinars. Il est à signaler que cette disposition de la loi n'a pas été mise en pratique par la Banque et, par conséquent, n'a produit aucun effet. Il n'en reste pas moins vrai qu'en fait, les billets ne jouissaient pas d'une entière et pleine convertibilité.

Nous en arrivons maintenant à examiner la manière dont la loi a assuré la défense de l'encaisse métallique de la Banque. D'après la loi (article 11), la Banque n'a pu, en aucun cas, émettre des billets pour une somme supérieure à deux fois et demie son encaisse en or. Cette mesure est la conséquence logique de l'obligation, pour la Banque, de rembourser ses billets. Si l'émission des billets, comme l'explique M. Gide, peut procurer de beaux bénéfices aux banques, il va sans dire qu'elle est faite aussi pour leur créer de graves dangers. En effet, le montant des billets en circulation, qui peuvent à tout moment être présentés au remboursement, représentent une dette immédiatement exigible, tout comme celle résultant des dépôts et, par suite, la Banque se trouve désormais exposée à un double péril; elle aura à répondre à la fois du remboursement de ses dépôts et du remboursement de ses billets. Si la nécessité d'une encaisse s'imposait déjà quand la Banque n'avait qu'à faire face au remboursement de ses dépôts, elle sera bien plus urgente quand la Banque ajoutera à la dette résultant de ses dépôts à vue celle résultant de ses billets en circulation. On comprend donc que, dans plusieurs pays, la loi impose aux banques, quand elles veulent faire l'émission, l'obligation de garder toujours une certaine encaisse. Et, à défaut de la loi, la prudence le commande.

Une dernière remarque s'impose : les billets de la Banque nationale de Serbie n'ont pas eu cours légal. Nous savons que les billets ont cours légal lorsqu'ils ne peuvent pas être refusés en payement. Mais, avoir cours légal signifie en plus que les particuliers ont le droit de présenter les billets au remboursement. Pour les billets de la Banque serbe, la loi imposait aux caisses publiques l'obligation de les accepter au pair. Mais aucune obligation semblable n'était prescrite pour les particuliers. Ceux-ci, peut-on en conclure, pouvaient les refuser en payement. Le régime du cours légal, au sens strict du mot, n'a donc pas existé en Serbie, tout au moins en ce qui concerne les payements entre particuliers.

CHAPITRE IV

L'émission des billets de banque, sous le régime de la loi de 1885.

La création de la Banque nationale de Serbie a été une chose toute nouvelle pour les rédacteurs de la loi. On croyait qu'il suffisait de créer la banque d'émission pour tirer le pays de la paralysie dans laquelle il se trouvait. Lorsqu'il a fallu que la Banque offrît l'aide nécessaire au commerce et à l'industrie, l'appareil ne pouvait pas fonctionner. La connaissance insuffisante de l'institution que l'on venait de créer et aussi le désir de lui donner un champ d'action très étendu ont fait que, dès les premières années, on a été obligé d'apporter de profondes modifications au régime de la loi de 1883.

Il suffit de jeter un coup d'œil sur certaines dispositions de la loi de 1883, pour se rendre un compte exact des connaissances restreintes dont disposaient les rédacteurs de la loi de 1883.

Ainsi, par exemple, en ce qui concerne les opérations que la Banque pouvait faire d'après cette loi, il y en avait de telles qu'elles étaient absolument contraires aux règles des banques d'émission. A côté des opérations, rentrant dans la compétence des banques d'émission, la Banque nationale de

Serbie pouvait (d'après la loi de 1883), délivrer des warrants sur les produits agricoles et les marchandises non sujettes à la déperdition, consentir des prêts sur les warrants délivrés et avoir des entrepôts pour ces produits et marchandises. De même, la Banque pouvait recevoir des dépôts et payer l'intérêt.

En ce qui concerne les billets que la Banque pouvait émettre, nous savons qu'ils étaient de 50, 100, 500 et 1000 dinars en or. Dans le chapitre précédent, nous avons montré l'insuccès de ces billets, ainsi que les raisons de cet insuccès. Le législateur s'est vite rendu compte de la défectuosité du système de 1883, en y apportant de nombreuses modifications par la loi du 25 septembre 1885. Nous dirons simplement en quelques mots que cette loi interdit à la Banque de faire des opérations n'ayant pas le caractère de liquidité. Ces opérations, en effet, ne conviennent pas aux banques d'émission qui ne peuvent immobiliser une partie de leur actif sans danger. Il ne faut pas oublier qu'elles sont constamment exposées au risque de se voir dans l'obligation de rembourser une grosse partie de billets en circulation, sur simple présentation à leur caisse. Tout leur actif doit donc être liquide, c'est-à-dire susceptible d'être rapidement transformé en argent comptant.

Quant aux dépôts, d'après la nouvelle loi, la Banque peut en recevoir, mais ne doit pas payer d'intérêts. Cette disposition est parfaitement compréhensible; une banque d'émission n'a pas à rechercher les dépôts de numéraire, puisque, pour toutes ses opérations, elle emploie les billets qu'elle fabrique à volonté. N'étant pas obligée d'emprunter, elle ne doit pas offrir d'intérêts.

Maintenant, nous devons nous occuper des modifications que la loi de 1885 a apportées aux dispositions de la loi de 1883, en ce qui concerne l'émission des billets de banque. L'innovation principale consiste dans la création d'un billet remboursable en argent. L'article 9 de la loi de 1883 est remplacé par ce qui suit : « La Banque nationale est tenue de changer ses billets de 10 dinars contre de l'*argent*, et ceux de 50, 100, 500 et 1000 dinars contre de l'*or*, sans aucune déduction et au pair, sur simple présentation à la caisse centrale ». L'article 11 : « La Banque ne pourra jamais mettre en circulation une somme de billets de banque supérieure à deux fois et demie son encaisse en or et *respectivement* en argent. » Dans l'encaisse, l'argent pourra être substitué à l'or dans la proportion de 25 % au plus.

Tel est l'esprit de la nouvelle loi sur le régime monétaire.

§ I. — Caractères du billet.

Qu'est-ce que le nouveau billet de 10 dinars, valeur argent? C'est un billet qui donne droit au porteur d'exiger la somme de 10 dinars en pièces d'argent. Par suite, il est la représentation des pièces d'argent serbes. Nous savons que ces pièces constituent une monnaie divisionnaire, et, par là-même, représentative. (Il n'y avait qu'un million de dinars en pièces de 5 dinars, au titre de 9/10e, seules pièces d'argent à valeur pleine). Le billet de 10 dinars, valeur argent, était remboursable aussi bien en pièces de 5 dinars qu'en monnaie divisionnaire de 0,50, 1 et 2 dinars. Mais, pratiquement, les porteurs de ces billets étaient plutôt remboursés en monnaie divisionnaire, puisqu'il n'a été frappé qu'une somme de 1.000.000 en pièces de 5 dinars. Comme on le voit, le billet de 10 dinars n'était remboursable qu'en monnaie ayant pouvoir libératoire limité. Par conséquent, la convertibilité de ce billet n'était qu'apparente. En réalité, le possesseur du billet qui se présente à la Banque obtiendra de la monnaie divisionnaire en échange de son billet; la valeur réelle de la monnaie divisionnaire n'étant que la moitié de sa valeur nominale, il se trouve que le billet lui-même, représentation de la monnaie divisionnaire, ne représente le métal fin (argent) que pour la moitié de la somme inscrite sur le billet.

Certains auteurs, M. Protitch entre autres, disent ne pas s'expliquer et considèrent tout au moins comme curieux que des billets, sans convertibilité (du moins sérieuse et utile), et sans cours forcé, aient pu rester en circulation et devenir la monnaie nationale par excellence. Pour nous, nous n'en sommes pas surpris : le billet de 10 dinars, remboursable en principe en monnaie divisionnaire non libératoire, mais n'étant échangé que très rarement en fait, devait rester sur le territoire serbe et être d'autant plus utile que son montant, peu élevé, était plus en rapport avec les besoins économiques du pays.

Ce fut lui qui joua, dans l'intérieur de la Serbie et malgré ses anomalies, le rôle de billet de banque.

Le billet de 10 dinars, valeur argent, a apparu en 1885. Depuis son apparition, la circulation des billets de banque en Serbie n'a cessé d'augmenter. Par contre, le nombre des billets or en circulation est toujours resté très restreint. Quoique très critiquable, au point de vue de la convertibilité, il n'en reste pas moins vrai que le billet valeur argent a été la monnaie nationale par excellence.

Nous allons essayer de justifier les raisons qui ont décidé le législateur serbe à introduire ce billet dans le système monétaire.

Comme nous l'avons exposé plus haut, les billets de 50 et de 100 dinars avaient une valeur beaucoup trop élevée et ne pouvaient que difficilement être employés dans les transactions et se maintenir en circulation. Le public était habitué à se servir de pièces d'argent de 5, 2, 1 et 0,50 dinars, et de quelques rares pièces d'or serbes de 10 et de 20 dinars; les pièces autrichiennes de dix couronnes en or, ou *ducats*, circulaient également en assez grand nombre. Toutes ces pièces répondaient, dans leur ensemble, admirablement bien aux besoins de l'échange encore peu développé. L'introduction des billets de 50 et de 100 dinars or, dans la circulation, rencontrait beaucoup de difficultés. Nous avons montré comment ces billets étaient échangés aux guichets de la Banque, et provoquaient la fuite de l'or à l'étranger. Les mesures que la Banque prenait, notamment l'élévation du taux de l'escompte, étaient incapables de remédier à cet état de choses, pour la bonne raison que le taux général de l'intérêt en Serbie était encore de beaucoup supérieur au taux de l'escompte de la Banque. L'État et la direction de la Banque ont fini par se rendre compte qu'il fallait recourir à la création d'un billet d'une valeur moins élevée, répondant mieux aux besoins des transactions. C'est ainsi que l'on en est venu à l'idée de créer le billet de 10 dinars. Seulement, les opinions étaient partagées sur la nature que devait avoir ce billet. Certains attribuaient l'insuccès des billets uniquement à leur montant trop élevé et réclamaient l'introduction du billet de 10 dinars-or. Les autres prétendaient que l'état économique de la Serbie ne permettait pas l'introduction dans le système monétaire national des billets convertibles en or, et proposaient les billets de banque de 10 dinars-argent. (1). Ceux qui réclamaient l'introduction du billet de 10 dinars-or oubliaient la raison principale qui mettait obstacle à la circulation des billets-or. A cette époque, la situation économique de la Serbie n'était nullement satisfaisante et ne permettait pas le fonctionnement régulier d'une Banque d'émission, c'est-à-dire avec pleine convertibilité de billets, sans provoquer la fuite de l'or à l'étranger.

A l'appui de ces explications, nous reproduisons ici quelques chiffres donnés par M. Stoyanovitch (2), qui permettent de s'en rendre compte :

Année	Importations (en milliers de dinars)	Exportations (en milliers de dinars)	Total (1) (en milliers de dinars)	Transit (2) (en milliers de dinars)
1879.....	41.367	38.880	80.247	—
1880.....	43.095	35.212	81.307	—
1881.....	43.173	40.125	83.898	—
1882.....	48.451	40.334	88.785	—
1883.....	49.716	40.232	89.948	—
1884.....	50.947	39.968	90.915	598
1885.....	40.472	37.625	78.097	551
1886.....	51.692	40.718	92.410	414
1887.....	36.478	36.130	72.608	969
1888.....	35.183	38.910	74.093	5.780
1889.....	34.843	39.065	73.908	7.998

Comme le tableau nous l'indique, la balance du commerce a été, à l'époque qui nous occupe, défavorable à la Serbie, exception faite toutefois pour les deux dernières années, et cela par suite de l'abondance des récoltes, qui permit une

(1) *Mémoires de la Banque*, 1908, p. 92.

(2) *L'état économique de la Serbie*, 1908.

exportation plus intense. A côté de cette cause de fuite de l'or à l'étranger, il en est une autre : c'est que la Serbie devait exporter chaque année une partie de son or pour payer l'intérêt et l'amortissement de sa dette à l'étranger. Par contre, elle n'avait la ressource d'aucun autre élément de la balance des comptes, ni capitaux placés à l'étranger, ni marine marchande, ni d'étrangers venant dépenser leur or dans le pays.

En résumé, la situation économique de la Serbie ne permettait pas l'introduction des billets *convertibles en or*, uniquement parce que le pays était constamment débiteur de l'étranger, et parce que, ainsi que nous l'expliquerons plus tard, la monnaie d'argent serbe était déjà victime de l'agio.

Les partisans du billet convertible en argent, en prétendant qu'aucun billet remboursable en or ne pouvait se maintenir en circulation, étaient dans la vérité. Cependant, on peut leur reprocher d'avoir, en introduisant le billet-argent dans le système monétaire, provoqué de gros embarras financiers. Nous avons vu également que la convertibilité de ces billets était plutôt apparente que réelle, les billets étant remboursables presque uniquement en monnaie divisionnaire ayant pouvoir libératoire limité.

La situation, créée par la mise en circulation du billet-argent, présentait plusieurs inconvénients :

1° La valeur des billets-argent variait constamment par rapport à l'or ou aux billets-or, à cause de l'agio de l'or sur les pièces d'argent, question que nous étudierons ultérieurement;

2° La comptabilité des maisons de commerce devait

avoir deux rubriques, une pour les comptes payables en or et l'autre pour les comptes payables en argent.

§ II. — Modifications apportées au système de 1885.

D'après la loi de 1885, la Banque pouvait émettre des billets pour une somme maxima égale à deux fois et demi son encaisse. Aucune autre limite n'avait été imposée à la Banque, mais celle-ci ne mettant en circulation que presque exclusivement des billets-argent, elle a interprété cette disposition à son avantage. Elle a conclu que son encaisse, qui se composait d'or et d'argent, pouvait entièrement servir de couverture aux billets-argent, et c'est ainsi qu'en 1883 le montant des billets-argent en circulation atteignait le chiffre de 30.000.000 de dinars, l'encaisse métallique or et argent étant de près de 15.000.000 de dinars. Mais il semble que, d'après la loi de 1885, les billets-argent devaient être couverts par de l'argent et non pas partie en or et partie en argent. En exigeant une couverture en argent pour les billets-argent, le législateur de 1885 avait voulu limiter le montant de leur émission. L'encaisse en argent était, en 1893, d'environ quatre millions. Donc, d'après la loi, les billets émis ne pouvaient pas dépasser deux fois et demi cette encaisse, soit, au maximum, 10.000.000 de dinars. Nous avons montré plus haut que par une interprétation différente de la loi de 1885, la Banque a tourné la loi à son profit.

Dans l'intention de mettre fin à cet état de choses, la Chambre a voté la loi de 1893, ainsi qu'une interprétation législative des dispositions de la loi de 1885, concernant la couverture des billets-or et celle des billets-argent.

Ces mesures apportent deux modifications au régime existant :

1° La loi de 1893 autorise la Banque à émettre des billets-or de 20 dinars;

2° L'interprétation législative limite l'émission des billets-argent à un montant déterminé par l'encaisse argent exclusivement.

Mais ces mesures n'ont pas été appliquées, tout au moins en ce qui concerne la limitation des billets-argent.

La loi de 1893 et l'interprétation législative sont intervenues pour mettre fin à une discussion sur une question d'un intérêt particulièrement grand pour la Serbie. C'était la question de l'agio de l'or, très intense dans les années qui précèdent la nouvelle loi. On attribuait la cause de l'agio à la trop grande quantité de billets-argent en circulation. Pour cette raison, on voulait augmenter la circulation des billets-or et diminuer celle des billets-argent.

Nous savons que, depuis la loi de 1885, la Banque émettait des billets-argent; ces billets étaient en réalité inconvertibles. La seule limite imposée à la Banque, concernant l'émission de ces billets, était d'avoir une encaisse métallique de 40 % des billets émis. L'interprétation par la Banque de cette disposition législative a été de considérer que toute l'encaisse métallique or et argent pouvait servir de couverture aux billets-argent. De ce fait, la quantité de billets-argent en circulation s'est trouvée notablement accrue. Une campagne violente a été entreprise contre la Banque par les exportateurs, qui se disaient victimes de l'agio à cause de la dépréciation des billets-argent (inconvertibles), due à leur trop grand nombre en circulation. Ils réclamaient le retrait de la circulation d'une partie des billets-argent. Cette campagne s'est terminée par la loi de 1893 qui a ramené l'émission des billets-argent à une plus petite proportion. D'après cette loi, la Banque devait, dans un délai de cinq ans, ramener la circulation des billets-argent aux proportions de son encaisse en argent.

Nous devons remarquer que l'application de cette mesure n'aurait pas manqué de provoquer un grand désarroi dans la situation économique du pays. Voici pourquoi : La Serbie est un pays agricole; l'intensité de sa production, étant principalement subordonnée aux circonstances atmosphériques, est très variable d'une année à l'autre; de même l'intensité de sa production n'est pas la même à toutes les époques de l'année. Cette variation périodique dans l'intensité de la production se répercute sur les besoins de la circulation monétaire, lesquels augmentent ou diminuent selon l'intensité des échanges. Ainsi, au moment de l'exportation, la quantité de monnaie nécessaire est deux ou trois fois plus grande qu'aux autres époques, où le mouvement des affaires redevient faible. La circulation des billets doit automatiquement suivre ces variations. Comme le dit M. Stanley Jevons, « la monnaie doit être fournie comme toutes les autres marchandises, conformément à la libre action des lois de l'offre et de la demande ». Cependant, la loi serbe de 1893 mettait obstacle à cette élasticité de l'émission. Il est vrai qu'elle a supprimé la possibilité de voir la circulation des billets surchargée à l'époque où leur demande est réduite; mais il est encore plus vrai qu'elle a mis la Banque dans l'impossibilité de satisfaire aux besoins de la circulation à l'époque où la demande des billets est très grande. On peut objecter à cela, comme l'a fait M. Protitch, que la Banque pouvait remédier à ce mal en émettant des billets-or de 20 dinars, que prévoit la loi de 1893, lesquels, d'un montant peu élevé, auraient facilement pénétré en circulation et remplacé les billets-argent.

Cette objection se heurte à un fait que nous avons déjà mentionné dans les pages précédentes : L'état défavorable de la balance des comptes de la Serbie. Ce fait provoquait indiscutablement la fuite de l'or à l'étranger, ainsi que l'agio; nous avons donc toutes raisons de croire que, si la banque avait augmenté l'émission des billets-or, même de 20 dinars, ces billets ne se seraient pas maintenus longtemps en circulation, et auraient, sous peu, été échangés aux guichets de la Banque contre espèces. L'encaisse or aurait vite fait de redescendre au niveau où elle était au commencement du fonctionnement de la Banque. La situation aurait été pire que la situation existante.

Les dispositions de la loi de 1893, ainsi que l'interprétation législative de la même date, n'ont pu être appliquées pour cette raison que la quantité de billets en circulation était indispensable au commerce au moment de l'exportation. Jusqu'à 1896, le mode de l'émission des billets-argent est resté tel qu'il était avant. Deux décisions ministérielles (sous forme de lettres adressées à la Banque) ont suspendu, pour la raison que nous venons d'indiquer, l'exécution des actes de 1893. Le régime existant a continué à être appliqué; la situation, de fait, a donc été contraire à la législation positive.

CHAPITRE V

Méthode du maximum d'émission.

Nous avons parlé dans le chapitre précédent de la réforme de 1893, et nous avons dit comment elle a échoué, ainsi que les raisons de son échec. Le régime antérieur, celui de la loi de 1885, a continué à être appliqué, et a duré jusqu'à la loi du 6 novembre 1896. Le nouveau régime, introduit par cette loi, a consacré législativement la situation qui existait en fait. Cependant, sur un point, il a apporté une innovation au régime antérieur. La nouvelle loi introduit une autre méthode pour régler l'émission des billets-argent. Cette méthode consiste en la limitation directe par la fixation d'un *maximum légal* des billets-argent pouvant être émis.

Le nouveau régime, introduit par la loi de 1896, peut se résumer dans les deux points suivants :

1° La couverture métallique des billets-argent peut être en or ou en argent, ou même en les deux.

2° La somme des billets-argent, émis par la Banque, ne pourra dépasser vingt-cinq millions de dinars.

Ainsi, comme on le voit, l'interprétation législative de 1893 est abolie, mais la nouveauté qu'apporte la loi de 1896 consiste dans la limitation directe des billets-argent. Nous avons vu que, sous le régime antérieur, la Banque avait l'entière liberté d'émettre les deux sortes de billets — or ou argent — sous la seule condition de garder une encaisse métallique de 40 % des billets émis. Les restrictions, apportées à l'émission des billets-argent par les actes législatifs de 1893, n'ont pas été appliquées et sont même abolies par la loi de 1896. Une seule prescription de la loi de 1893 est restée en vigueur : c'est celle qui autorise la Banque à émettre les billets-or de 20 dinars.

La loi de 1896 a fixé le maximum d'émission des billets-argent à 25 millions de dinars; mais elle a laissé en vigueur les dispositions antérieures, concernant la libre émission des billets-or (sauf couverture de 40 %). Comme on le voit, la limitation de la loi de 1896 ne prescrit par une limitation intégrale pour l'émission de tous les billets de banque et ne s'applique qu'aux billets-argent. Si le contingent de 25 millions, prévu par la loi, est émis, et que les besoins de la circulation ne soient pas satisfaits, la Banque peut avoir recours aux billets-or, et ainsi augmenter la circulation.

L'introduction du régime de 1896 a été provoquée par deux raisons principales :

1° Au moment des exportations, les besoins de la circulation ne pouvaient pas être satisfaits par une dizaine de millions, que la Banque avait le droit d'émettre d'après le régime antérieur. Ces besoins variaient de 25 à 30 millions.

2° Le danger que présentait une grande circulation de billets-argent (inconvertibilité).

La Banque, n'étant pas astreinte à rembourser ces billets en métal, ne se soucie pas de posséder une forte encaisse. Le papier non convertible risque de pousser à une émission exagérée, qui serait suivie d'une dépréciation d'autant plus rapide qu'elle aurait été plus forte. Cependant, plusieurs exemples prouvent qu'un papier-monnaie non convertible, mais à condition toutefois que la quantité en soit soigneusement limitée, peut garder toute sa valeur. C'est ce qui se passa pour la Banque d'Angleterre, et cela durant plusieurs années, lorsque les paiements en espèces eurent été suspendus en 1797 (1).

L'inconvertibilité des billets, ayant été établie, il était indispensable d'en limiter l'émission. C'est à cette mesure qu'a eu recours le législateur serbe en 1896.

Le reproche, que l'on pourrait adresser à ce système de limitation, est le défaut d'élasticité pouvant en résulter. Si le commerce devient plus actif, le maximum fixé est insuffisant pour satisfaire aux besoins de la circulation. Par conséquent, une décision législative spéciale devient nécessaire pour autoriser une augmentation des billets pouvant être mis en circulation. Si le commerce, au contraire, se ralentit, les billets deviennent surabondants, et le maximum fixé ne présente plus aucune limitation. Ce système, quoique présentant de gros inconvénients au point de vue de l'élasticité, est néanmoins préférable au système de la liberté d'émission, quand il s'agit des billets inconvertibles, d'un papier monnaie.

Pour les banques, qui sont tenues d'échanger leurs bil-

---

(1) Stanley Jevons, *La monnaie et le mécanisme des échanges.*

lets contre de l'or, la limitation de l'émission n'est pas nécessaire : leur propre intérêt est en opposition avec l'émission exagérée des billets. Pour ces banques, la liberté de l'émission ne présente pas de danger. Les billets doivent être fournis suivant les principes de la loi de l'offre et de la demande. Par contre, les banques, qui ne sont pas tenues de rembourser tous les billets en or, sont toujours tentées d'abuser de la production des billets inconvertibles, au détriment des billets convertibles. C'est précisément ce qui se passa pour les billets-argent serbes. La Banque n'a eu recours à l'émission des billets convertibles en or que dans une très faible mesure; elle a, par contre, toujours réclamé l'élévation des contingents du billet-argent. Nous verrons par la suite que l'Etat n'a pas toujours résisté aux prétentions de la Banque, et que le contingent des billets-argent a été élevé à plusieurs reprises.

Nous concluons cet exposé du système de 1896 en approuvant les mesures prises par le législateur, dans le but d'empêcher l'émission exagérée des billets inconvertibles. Cependant, pour l'assainissement complet de la situation monétaire, la suppression de l'émission des billets-argent aurait certainement mieux valu; malheureusement l'état économique de la Serbie ne permettait pas l'introduction d'un billet unique et convertible en or.

Avant de parler du système de la loi de 1908, sur le renouvellement du privilège de la Banque nationale de Serbie, il nous reste à indiquer rapidement quelques modifications apportées aux systèmes de 1896.

Une première loi, celle du 23 juillet 1898, et une seconde,

celle du 20 août 1900, sont relatives aux prêts que la banque devait consentir à l'Etat. Il est à remarquer à ce sujet qu'au moment de sa création, la banque n'avait rien avancé à l'Etat en échange de son privilège. Par la loi de 1898, la banque doit consentir à l'Etat un prêt de 10 millions de dinars, et par celle de 1900, un deuxième prêt de deux millions.

La loi de 1898 a, en outre, élevé le maximum d'émission des billets-argent de 25 à 30 millions. Les prêts consentis à l'Etat ne rentrent pas dans le contingent régulier et normal des 30 millions émis. De la sorte, le montant des billets-argent, que la banque pouvait émettre, a été en fait porté à 42 millions (contingent régulier : 30 millions; prêts à l'Etat : 12 millions). Seulement, ce maximum de 42 millions était provisoire. La banque devait, en effet, retirer des billets de la circulation pour un montant égal à la somme que l'Etat lui remboursait sur cet emprunt. D'après les prévisions, les emprunts devaient être remboursés en 1908, année du renouvellement du privilège; un an après la loi le montant des billets-argent en circulation ne devait pas dépasser le contingent de 30 millions.

Il est à remarquer, considérant seulement l'effet de ces deux lois sur le régime monétaire, que le mauvais état des finances de l'Etat le forçant à recourir à l'aide de la Banque a eu une grave répercussion sur le mode d'émission des billets. L'émission des billets convertibles (or) n'a pas été élargie comme on l'espérait, et celle des billets inconvertibles (argent) n'a pas été restreinte.

Signalons encore une loi du 31 mars 1904, qui autorise la Banque à émettre des billets-argent de 50 et de 100 dinars;

par suite, trois coupures argent sont en circulation : celles de 10, 50 et 100 dinars.

Les billets-argent de 50 dinars ont été émis en 1905, et plus tard, dans une période qui ne nous intéresse pas pour le moment, en 1915. Les billets de 100 dinars ont été émis en 1907. D'ailleurs, les billets de 50 dinars ne sont restés en circulation que très peu de temps.

A notre sens, cette autorisation législative d'émettre des billets-argent de 100 dinars a été nuisible au rétablissement de la situation monétaire. La préoccupation du législateur aurait dû être de restreindre, dans une large mesure, la circulation des billets-argent. C'est tout le contraire qui a été fait. Le billet de 10 dinars répondait bien aux besoins de l'intérieur du pays serbe, et nous ne voyons pas l'utilité d'un billet de 100 dinars-argent, dont le montant était au-dessus des besoins du pays? D'ailleurs, le billet de 100 dinars-or, était bien suffisant; le billet-argent d'une même valeur n'était donc pas indispensable.

CHAPITRE VI

Renouvellement du privilège de la Banque nationale de Serbie. La loi du 15 mars 1908.

Au cours de nos précédents développements, nous avons montré de quelle manière le système de l'émission avait évolué vers une mise en circulation, toujours plus large, de billets de banque valeur argent. Nous avons signalé également les différentes dispositions législatives dictées par le souci d'enrayer la fuite de l'or à l'étranger et leur échec relatif.

Nous allons examiner maintenant comment cette évolution du régime de l'émission est venue aboutir à la loi du 15 mars 1908. Cette loi, la dernière en date, sur la Banque nationale de Serbie, a une importance considérable.

Le privilège, accordé à la Banque nationale de Serbie, lors de la loi de 1883, n'était concédé que pour 25 années. La loi de 1908, vint renouveler la concession de ce privilège, et, en même temps, par suite de ces innovations, marquer le début d'une nouvelle et dernière phase du système de l'émission.

Marquant le terme de l'évolution antérieure, la loi de 1908, peut être condensée (en ce qui concerne le régime de l'émission) dans les trois points suivants :

1° A quelque moment que ce soit, si ses besoins le demandent, l'Etat peut échanger provisoirement or et argent contre des billets-argent.

2° Le montant de la circulation des billets-argent ne peut être supérieur à cinq fois le capital versé de la Banque. Ce n'est qu'exceptionnellement, et après la décision du gouvernement, que cette limite pourra être dépassée, et pour un dixième seulement du capital de la Banque.

3° Le capital souscrit devra être intégralement versé dans la caisse de la Banque.

En examinant le résultat des dispositions de la loi de 1908, nous constatons un élargissement considérable de l'émission des billets-argent, conséquence de ce nouveau procédé appelé « échange provisoire ». Nous remarquons également une différence entre les limitations directes antérieures et la nouvelle limitation, dépendant désormais du capital versé.

§ I. — L'échange provisoire.

C'est une opération entre l'Etat et la Banque. Elle consiste en la faculté qu'a l'Etat de déposer son or et son argent à la Banque, afin d'obtenir, en échange, une somme égale en billets-argent. Ce procédé a été créé à la suite de certaines spéculations, opérées au détriment de l'Etat. Au moment où l'Etat, possédant de grosses sommes d'or provenant des emprunts contractés à l'étranger, voulait dépenser cet or dans le pays, les agioteurs faisaient baisser le prix de l'or. Pour cela, ils le jetaient en quantités considérables sur le marché, causant ainsi de très grosses pertes à l'Etat. Par contre, lorsque l'Etat avait besoin d'or pour effectuer des paiements à l'étranger, les agioteurs provoquaient la hausse du prix de l'or, d'où de nouvelles pertes pour l'Etat. C'est pour écarter ces inconvénients qu'a été créé l'*échange provisoire*.

L'échange provisoire a, en effet, supprimé toute limitation sérieuse dans l'émission des billets-argent. Nous devons, pour être complet, ajouter que la quantité des billeis-argent, mis en circulation au moyen de l'échange provisoire, ne rentrait pas dans le contingent régulier, prévu par la loi de 1908.

§ II. — Limitation de l'émission.

A côté de l'échange provisoire, élargissant beaucoup l'émission des billets-argent, nous avons vu que la dernière loi établit, par une autre disposition, une modification dans le mode de limitation de l'émission des billets-argent. La limitation directe, par la fixation d'un maximum légal, est abandonnée par le législateur. Pour déterminer la quantité de billets-argent pouvant être mis en circulation, la nouvelle loi prend en considération le capital versé. Ce mode de limitation offre sans doute plus d'élasticité pour l'émission des billets de banque. La quantité de billets en circulation peut, en effet, être accrue tout simplement par l'augmentation du capital de la Banque, ou par l'émission d'une série des actions du capital primitif, s'il n'a pas été entièrement souscrit. Au contraire, la limitation directe par la fixation d'un maximum légal ne peut être modifiée sans le concours du législateur. Nous estimons, quant à nous, que le capital versé contribue à garantir les billets émis, tout au moins dans les débuts de la Banque. C'est le seul élément que les particuliers puissent prendre en considération tant que la Banque n'a pas prouvé sa qualité de débiteur irréprochable. En effet, du moment où le public sera habitué à accepter ces billets, à la place de l'or ou de l'argent, le capital social n'aura plus à jouer le rôle de garant. Le public, se servant de billets, or et argent confluent vers la caisse de la Banque, et vont désormais servir à garantir l'émission. Le métal, ainsi drainé, va prendre la place et jouer le rôle du capital social : plus il y aura d'or et d'argent en banque, plus on pourra émettre de billets. Dès lors, le capital ne saurait garantir le montant des billets, de beaucoup supérieur au sien propre; les billets sont maintenant la reconnaissance de la dette contractée par la Banque vis-à-vis des particuliers. Mais, si, en principe, la Banque doit verser à chaque porteur le montant de la dette inscrite sur le billet, le danger n'est pas grand pour l'établissement de crédit; l'expérience prouve, en effet, que les porteurs de billets ne se présentent jamais tous en même temps au guichet. La Banque ne courrait de risque réel que dans le cas où elle aurait imprudemment émis une quantité de billets par trop supérieure au montant de l'encaisse métallique, dont elle est, en quelque sorte, dépositaire. Le capital social est appelé cependant à jouer dans un cas : c'est celui où les effets de commerce, déposés en nantissement par les particuliers qui se sont fait accorder des avances, viennent à n'être pas payés lors des échéances. La Banque devra payer alors pour les commerçants, et elle paiera précisément avec les fonds du capital social. En un mot, le capital social doit plutôt servir de couverture pour le portefeuille, et non pour les billets.

Une critique s'impose donc, touchant la loi de 1908, et plus particulièrement la disposition par laquelle elle limite l'émission au quintuple du capital versé. Si, avant 1908, il y avait eu deux maxima imposés par le législateur (l'un de 25, le second de 30 millions), la limitation nouvelle, liée au capital versé, ne changea pas la situation de fait : dans l'un comme dans l'autre cas, la Banque était liée et ne pouvait dépasser un certain chiffre.

Le capital de la Banque nationale de Serbie avait été fixé, par la loi de 1883, à 20 millions de dinars. Ce capital pouvait être augmenté en vertu d'une décision de l'Assemblée générale des actionnaires, approuvée par le gouvernement. Or, la Banque a fonctionné pendant toute la durée de son privilège sans que son capital soit entièrement souscrit. Il n'y avait eu, en effet, que la moitié du capital souscrit. La Banque aurait donc pu procéder à l'émission de la seconde série des actions de son capital (10 millions de dinars), et doubler de cette façon le maximum des billets-argent qu'elle pouvait mettre en circulation. Elle n'a pas eu recours à ce moyen, et la circulation des billets-argent émis par la Banque est restée la même, sauf l'augmentation qui résulta du jeu de l'échange provisoire. Si la Banque n'a pas usé de ces facultés, peut-être pour ne pas augmenter son capital social, il n'en reste pas moins vrai que la limitation, basée sur l'encaisse métallique réelle, eût été de nature à donner plus d'élasticité au régime.

Nous en trouvons la preuve dans ce qui se passa après

la guerre de 1912-13. La Serbie sortit de cette guerre considérablement agrandie. (Vieille Serbie et Macédoine lui furent rendues.) L'adjonction de ces provinces, ne différant au point de vue économique nullement de l'état de la Serbie, sinon peut-être en ce qu'elles étaient économiquement moins développées, vint accentuer la crise. Nous avons déjà signalé que la Serbie a un commerce soumis aux influences périodiques des saisons, puisqu'il porte essentiellement sur les céréales. Il faut donc une grande quantité de billets au moment de l'exportation. Dans son livre sur le Foreign Exchange, M. Spalding fait une remarque absolument analogue au sujet de l'Australie, pays qui, sous le rapport de ses exportations (laines et céréales), peut être comparé à la Serbie. La Serbie, accrue, ainsi que nous l'avons dit, sentit le besoin d'émettre de plus nombreux billets aux périodes des exportations, et cela d'autant plus impérieusement que son territoire venait de se doubler. Mais, la Banque ne pouvant dépasser le maximum fixé, nettement insuffisant, l'Etat se vit obligé de recourir au moyen de l'échange provisoire pour remédier à la situation.

Postérieurement à 1913, on a dû encore recourir au système de l'échange provisoire. Avec la guerre de 1914, un trafic anormal, identique à celui que nous pourrions trouver dans tous les pays européens à la même époque, provoque une forte demande de billets. L'Etat dut alors recourir à l'échange provisoire pour permettre à la Banque d'émettre les billets que demandait la situation nouvelle. Nous verrons par la suite comment, pour payer son armée et ses fournitures, l'Etat en vint à augmenter la circulation des billets de banque, et comment il en arriva à déposer dans la caisse de la Banque non pas de l'or, mais des valeurs étrangères. C'est là le résultat d'un état de choses anormal que nous n'étudions pas maintenant, nous occupant uniquement du fonctionnement de la Banque, sans tenir compte de perturbations aussi soudaines et imprévoyables que devait amener la grande guerre. Nous allons, d'ailleurs, aborder rapidement cette question sitôt que nous aurons tiré la conclusion de ce qui précède.

Nous pouvons donc maintenant conclure, en un mot, que la limitation, organisée par la loi de 1908, manquait d'élasticité, puisqu'elle ne permettait pas à la Banque de régler son émission en suivant pas à pas le mouvement économique. Une réforme plus rationnelle eût été préférable.

§ III. — Effets de la limitation et de l'échange provisoire postérieurement à 1914.

Nous savons qu'après la déclaration de la guerre de 1914, l'Etat avait recouru à l'échange provisoire pour mettre en circulation la quantité de billets supplémentaires que réclamait la situation nouvelle. Mais, bientôt, l'Etat se vit contraint de demander à la Banque d'autres billets, afin de régler ses dépenses de guerre.

Il eût résulté de la stricte interprétation de la loi de 1908 que, seuls, l'or et l'argent auraient pu être déposés à la Banque pour faire l'objet de l'échange provisoire. Mais, du jour où l'Etat serbe n'eut plus de monnaie métallique à déposer à la Banque, il lui fallut recourir à un expédient. Il songea naturellement à recourir aux emprunts étrangers, interprétant largement la loi de 1908, en considérant que les fonds étrangers pourraient être déposés en banque à la place de l'or et de l'argent. L'État put ainsi déposer à la Banque le montant de ses emprunts contractés envers l'étranger, notamment en France, et obtenir l'équivalence en billets-argent. Par suite, ainsi que le montre le tableau suivant (1), le nombre des billets-argent ne cessa de s'accroître.

Années	Montant des billets en circulation
Juin 1914.......	87 millions de dinars
Décembre 1914.......	160 — —
Juin 1915.......	285 — —
Décembre 1915.......	294 — —

La quantité de billets émis n'a pas subi de variation sensible de 1915 à 1918, parce que la Banque, transportée en France, n'a plus exercé son privilège.

(1) Les chiffres nous sont fournis par les *Rapports de la Banque Nationale*, 1914 et 1915.

CHAPITRE VII

Politique de la Banque nationale de Serbie sur la distribution des crédits. Mode principal d'émission.

Le but principal assigné à la Banque nationale de Serbie par la loi du 6 janvier 1883 était la diminution du taux de l'intérêt et de l'escompte, par le moyen du billet de banque.

La question qui se pose ici est de savoir si la Banque a répondu à ce but, et dans quelle mesure. A ce sujet, nous constatons que le prix des capitaux a sensiblement baissé depuis la création de la Banque nationale de Serbie. Il est vrai que le taux de l'intérêt et de l'escompte est resté quelque peu supérieur aux taux existants dans la plupart des autres pays d'Europe. Néanmoins, le résultat obtenu est très appréciable, car il faut tenir compte du taux de l'intérêt et de l'escompte avant la création de la Banque. Or, nous savons que ce taux était très élevé. Le but visé a donc été atteint.

Maintenant, il nous reste à exposer la manière, employée par la Banque pour arriver à ce résultat, c'est-à-dire comment elle distribuait les capitaux créés au moyen de billets de banque. La Banque faisait cette distribution de capitaux par des opérations de crédit, opérations qui constituaient son mode d'émission principal et ont été, au début de son fonctionnement, l'escompte aux particuliers et aux établissements de crédit. Depuis 1886, la Banque a mis en pratique une nouvelle opération pour accorder des prêts aux établissements de crédit, qui, jusque-là, réescomptaient leur portefeuille à la Banque. Pour les particuliers, l'escompte est toujours resté l'opération principale. Cette nouvelle opération, que la Banque a créée (à l'usage seulement des établissements de crédit), se caractérise par l'ouverture d'un compte courant que doit avoir chacun de ces établissements à la Banque nationale. Le crédit s'opère par l'intermédiaire des effets (lettres de change) qui sont présentés à la Banque. Seulement, au lieu d'être escomptés, ces effets sont tout simplement donnés en gage pour 80 % de leur valeur nominale; on inscrit au compte courant de l'établissement le crédit accordé par la Banque et celui-ci peut en disposer par chèques ou par billets à ordre.

Cette opération a été substituée à l'escompte uniquement pour des raisons pratiques. Dans un pays, comme la Serbie, où le commerce et l'industrie étaient peu développés, le crédit à court terme était peu pratiqué. L'escompte que la Banque avait introduit au début de son fonctionnement exigeait le remboursement après quatre-vingt-douze jours. Ce principe sévère, que la Banque suivait scrupuleusement, différait beaucoup des procédés employés couramment en Serbie, à la même époque, dans les opérations de crédit; une grosse partie du public préférait s'adresser ailleurs, même en payant un intérêt plus élevé, plutôt que d'emprunter à la Banque nationale, et de se soumettre à l'obligation du remboursement après 92 jours. La nouvelle opération, que la Banque a créée en 1886, présentait un sérieux avantage pour les emprunteurs. Les crédits accordés par cette opération aux établissements l'étaient pour un délai indéterminé. Seulement, la Banque avait le droit d'exiger tous les trois mois le paiement intégral de la dette, pour se conformer à la loi qui fixe les échéances au 92ᵉ jour au plus tard. En fait, un simple jeu d'écritures servait à effectuer fictivement le remboursement de la dette, qui était aussitôt reportée au débit pour une nouvelle période de 92 jours. Ainsi, les emprunteurs avaient la possibilité de proroger le délai de remboursement de leurs effets. La prorogation des effets ayant été à cette époque, en Serbie, un fait régulier et normal, la nouvelle opération a été favorablement accueillie.

Le taux de l'escompte différait suivant les emprunteurs : pour les établissements de crédit, il était de 1 % moindre que pour les particuliers. Et quelquefois même, pour certaines institutions ayant pour but le développement de l'industrie, ce taux était encore inférieur de 1 % à celui des établissements de crédit.

Le taux de l'escompte de la Banque nationale de Serbie a varié entre 5 1/2 % et 8 % jusqu'en 1885. Nous savons, qu'avant cette date la Banque ne pouvait émettre que des billets convertibles en or, qui, en fait, étaient aussitôt présentés aux caisses de la Banque pour être échangés contre des espèces dont on avait besoin, surtout pour les paiements à l'étranger. De cette façon l'encaisse métallique de la Banque diminuait de plus en plus, ce qui a amené plusieurs fois une élévation du taux de l'escompte. Nous rappelons que cette élévation n'a pas été suffisante pour défendre l'encaisse de la Banque contre la fuite de l'or, pour cette simple raison que le taux général de l'intérêt en Serbie était encore de beaucoup au-dessus du taux de la Banque.

Depuis 1885, la Banque nationale avait acquis le droit d'émettre deux sortes de billets : billets convertibles en or et billets convertibles en argent. Elle a eu depuis deux taux de l'escompte; un plus élevé pour l'escompte billets-or, et un autre plus faible pour l'escompte billets-argent. Ce dernier a très peu varié dans la suite.

La raison de cette différence du taux de l'escompte pour chacune des deux sortes de billets s'explique par le souci de protéger l'encaisse or; l'escompte en billets-or, étant moins avantageux que l'escompte en billets-argent, la Banque n'escomptait guère exclusivement qu'en billets-argent. Par suite, n'ayant pas délivré de billets-or, elle ne craignait pas la diminution de son encaisse, puisque, seuls, les billets-or pouvaient permettre au porteur d'exiger de la Banque le montant du billet en or.

Il est arrivé assez souvent que la Banque refusa l'escompte des effets de commerce pendant un ou deux mois de l'année, au moment de l'exportation. D'après la loi, la quantité de billets-argent, que la Banque pouvait émettre, était limitée, seule l'émission des billets-or était libre (sauf la condition de la couverture de 40 %. Mais, comme la Banque craignait de voir diminuer son encaisse, par suite de l'émission des billets-or (remboursables à vue), elle a toujours manifesté une tendance à n'émettre que des billets-argent. Cependant, le contingent des billets-argent, fixé par la loi, était insuffisant à satisfaire les besoins de la circulation au moment de l'exportation. De ce fait, en 1896, la Banque a refusé, pour la première fois, d'escompter les effets de commerce moyennant billets-argent. Elle continue l'escompte moyennant les espèces en argent, mais, quelques jours après, elle cesse également d'employer ce procédé. La suspension de l'escompte en argent (billets-argent), a duré cinquante jours en 1896 (1). L'année suivante, la suspension de l'escompte a duré quatre vingt-huit jours, et dans les années qui suivirent, la suspension fut encore plus longue. Depuis 1899, la Banque a même cessé l'escompte en billets-or. Ce n'est qu'à partir de 1905 que, grâce à une entente entre l'Etat et la Banque, celle-ci peut émettre, durant ces périodes de crises, un supplément de billets-argent, permettant de satisfaire les besoins de la circulation. A partir de ce moment, la Banque n'eut plus à refuser l'escompte.

---

(1) *Mémoires de la Banque*, 1908, p 142.

CHAPITRE VIII

§ 1. — L'AGIO.

Dès avant la création de la Banque nationale de Serbie, il existait une prime de l'or sur les pièces d'argent serbes. Cette prime variait très peu et se maintenait aux environs de 3 %. L'origine de cette prime est due à plusieurs causes. A cette époque, la seule monnaie circulant en Serbie était la monnaie métallique. L'or était rare et la plus grande partie de la circulation s'effectuait à l'aide de différentes pièces d'argent ayant toutes cours légal. En 1873, apparaissent les premières pièces d'argent serbes. Toutefois, même après leur mise en circulation, les pièces d'argent étrangères conservent encore pour quelque temps leur pouvoir libératoire. De cette surabondance de pièces d'argent, par rapport à l'or, est née leur dépréciation.

Cependant, cette dépréciation des pièces d'argent provenait également d'une autre cause, peut-être plus directe encore que la première. L'Ouprava Fondova (Crédit Foncier), le plus grand établissement de crédit de l'époque, avait pris la décision de ne plus accepter les pièces d'argent au pair. Quand cette décision fut connue, l'agio de l'or, qui existait déjà sur les pièces d'argent par suite de la dépréciation signalée, résultant de la surabondance de ces pièces, ne fit que s'accentuer. Le crédit Foncier était en effet un établissement dont le chiffre d'affaires représentait une partie très importante des transactions du pays, et la décision qu'il avait prise concernant les pièces d'argent a certainement contribué au développement de l'agio.

Plus tard, en 1884, l'Etat, pour éviter les pertes qu'il subissait lors de ses paiements à l'étranger du fait de l'agio, car l'argent rentrait en bien plus grande quantité que l'or dans ses caisses, a pris certaines mesures restrictives concernant la monnaie d'argent. C'est ainsi, par exemple, qu'il a exigé le paiement des droits de douane en monnaie d'or. Ces droits pouvaient bien également être payés en pièces d'argent mais en y ajoutant alors la prime de l'or. D'autres mesures, concernant le paiement de certains impôts et taxes en monnaie d'or, ont également été prises. Cette limitation de la circulation des pièces d'argent a donc encore contribué à leur dépréciation.

Il existe enfin une dernière raison, non la moins importante, qui a constamment agi en faveur du maintien de la prime de l'or. C'est l'état défavorable de la balance des comptes. La Serbie avait, chaque année, à payer de grosses annuités à l'étranger. N'ayant ni de marine marchande, ni de capitaux placés à l'étranger, elle en était réduite à alimenter son stock d'or au moyen d'une seule source : son exportation. Nous savons aussi que la balance du commerce lui était défavorable à cette époque : la Serbie était constamment débitrice de l'étranger. Cette situation, à elle seule, pourrait expliquer l'existence de l'agio.

Depuis 1885, les billets-argent ont été mis en circulation. L'agio continuait à exister sur ces billets, chose bien naturelle, puisqu'ils n'étaient que la représentation de la monnaie d'argent, c'est-à-dire qu'en échange d'un billet-argent de 10 dinars, on obtenait 10 dinars en pièces d'argent. Par conséquent, les causes que nous venons d'indiquer ont également contribué à déterminer la valeur des billets-argent par rapport à la monnaie d'or (et aux billets-or).

Ce qui caractérise l'agio, en Serbie, c'est sa variation périodique. Cette caractéristique de l'agio est intimement liée à l'activité économique du pays. Pendant la période d'exportation (en automne), l'agio baissait pour devenir toujours très élevé en hiver, c'est-à-dire pendant les mois où le commerce exérieur de la Serbie était réduit aux importations qui causaient la demande de l'or.

§ II. — La Banque et l'Etat.

Lors de sa création, la Banque nationale de Serbie, en échange de son privilège obtenu de l'Etat, n'a eu (ce qui est bien rare), à consentir aucun engagement pécuniaire envers lui. Pourtant, par la suite, elle lui a procuré certains avantages financiers. L'Etat a d'abord obtenu une participation dans les bénéfices nets réalisés par la Banque. Cette participation insignifiante dans les débuts, que la loi de 1883 avait fixée à 20 %, a été portée par la loi de 1908, sur le renouvellement du privilège de la Banque, à 30 %.

L'Etat a encore obtenu la faculté de faire escompter ses bons du Trésor par la Banque. Ce n'est qu'en 1898 que la Banque est venue, pour la première fois, directement en aide à l'Etat, en lui avançant des sommes assez importantes. Ce premier prêt, consenti à l'Etat par la Banque, a été, comme nous l'avons vu, de 10 millions de dinars en billets valeur argent. Deux ans plus tard, en 1900, une nouvelle loi autorise l'Etat à contracter un nouvel emprunt de deux millions de dinars auprès de la Banque.

Mais, depuis 1904, la Banque a du avancer à l'Etat, et cela tous les ans, des sommes plus ou moins importantes, dont le montant ne pouvait cependant pas dépasser le maximum de dix millions de dinars. Ces avances servaient à l'Etat pour lui permettre d'attendre la rentrée des impôts. Une fois les impôts rentrés, l'Etat remboursait sa dette à la Banque, de telle sorte que les crédits ainsi accordés à l'Etat par la Banque, étaient toujours renouvelables.

La conclusion à tirer, de cette politique de l'Etat vis-à-vis de la Banque, est la suivante :

L'Etat n'a pas considéré la Banque comme une source de revenus. Cependant, les crédits qu'il s'est fait consentir par la Banque n'ont pas toujours été le résultat d'une entente avec cette dernière. Souvent, elle a dû les consentir sous la menace déguisée, mais latente, de se voir retirer son privilège.

DEUXIÈME PARTIE

L'EMISSION DES BILLETS DE BANQUE EN YOUGOSLAVIE (1).

Après avoir exposé le régime monétaire et l'émission des billets de banque en Serbie, nous en arrivons maintenant à la seconde partie de notre ouvrage, dans laquelle nous nous efforcerons de donner un aperçu du régime monétaire actuel, et de l'émission des billets de banque sur le territoire du nouveau royaume des Serbes Croates et Slovènes.

Il nous faut signaler ici, à titre documentaire, que les provinces rattachées en 1918 à la Serbie et qui constituent aujourd'hui avec celle-ci la Yougoslavie, présentaient au point de vue économique, des différences avec l'ancienne Serbie. D'une manière générale, le niveau économique y était plus élevé. Ainsi le Banat, province uniquement agricole, connaissait les procédés de la culture moderne; aussi, chaque année, exportait-il d'importantes quantités de céréales. De même, la Croatie et la Slavonie, régions essentiellement industrielles, avaient atteint un développement considérable. Le régime monétaire de toutes ces provinces était évidemment celui de l'Autriche-Hongrie, dont nous parlerons par la suite. En raison du développement économique de ces régions, la circulation des billets-couronnes y était donc considérable, et nous verrons quels problèmes complexes eut à résoudre par la suite le législateur yougoslave, pour les retirer de la circulation et effectuer l'unification monétaire.

(1) Les mots *Yougoslavie* et *Royaume des Serbes-Croates et Slovènes* ont même signification.

CHAPITRE PREMIER

§ I. — La situation monétaire depuis l'armistice jusqu'a la création de la Banque nationale du Royaume des Serbes, Croates et Slovènes.

Avant d'étudier le fonctionnement de la Banque nationale du Royaume des Serbes, Croates et Slovènes, il nous est utile de jeter un coup d'œil sur la situation monétaire qui précéda sa création, situation imposée par les faits qui se poursuivent de 1918 à 1920.

La Serbie avait été envahie, dès 1915, par les armées austro-allemandes et bulgares. Seule, la région située au sud de Monastir échappa à cette invasion. Sitôt installés dans le pays, les Autrichiens imposèrent leur *couronne*, et jusqu'au moment de la libération, elle joua le rôle de monnaie légale. Cependant, ne pouvant retirer de la circulation tous les dinars émis par la Banque serbe, ils durent établir un cours officiel, et décrétèrent qu'une couronne vaudrait deux dinars. Signalons qu'à la même époque, le dinar était coté dans les bourses neutres ou alliées à un taux plus élevé que la couronne, mais la volonté du vainqueur était souveraine, et il fallait s'incliner devant elle. On estime que, dans la Serbie, et dans les provinces qui plus tard lui firent retour, la circulation s'éleva à près de trois milliards de couronnes.

La Bulgarie, qui avait envahi l'est de la Serbie, procéda d'une manière identique, et imposa le *lev*, comme les Autrichiens avaient imposé la couronne.

Cet état de choses dura jusqu'en 1918, année de la libération. Dès l'été de cette année-là, appuyés par les armées alliées, les Serbes reprennent le terrain perdu, et s'établissent même en territoire autrichien; ils pénètrent dans les provinces du sud, qui étaient peuplées de Slaves. C'était la première étape vers l'unité nationale, et, au 11 novembre 1918, elle était constituée en fait, et reconnue par les puissances alliées dès le 1er décembre de la même année.

Le gouvernement se trouva donc en présence d'une circulation très développée de monnaies étrangères, fortement discréditées. Prévoyant les manœuvres auxquelles ne manqueraient pas de se livrer les Autrichiens, il dut prendre immédiatement des mesures pour éviter les dangers futurs.

Il était aisé de supposer, en effet, que la Serbie ou le nouvel Etat lui succédant, aurait à retirer de la circulation les monnaies autrichiennes, et qu'il le ferait dans des conditions favorables pour ne pas nuire aux nouveaux ressortissants.

Nous examinerons bientôt les mesures prises dans ce but, auparavant il convient d'étudier de plus près ce qu'était la couronne et comment elle se comportait en face du dinar serbe.

Dinar et couronne étaient deux billets de banque, jouant chacun le rôle de monnaie légale dans leur pays respectif, avant la guerre. Du fait de la guerre, ces deux billets de banque se sont trouvés simultanément en circulation sur un même territoire. Tous deux étaient complètement indépendants l'un de l'autre, mais ils se maintinrent à défaut d'une monnaie légale propre au nouvel Etat. Celui-ci, en effet, existant dès 1918, ne fit choix d'une monnaie légale qu'en 1920. Jusqu'à cette date, il dut accepter, tout comme les particuliers, le dinar et la couronne; les circonstances l'imposaient, le nouveau régime monétaire n'ayant pas été encore établi.

Le nouvel Etat se trouva donc ainsi en présence du dinar et de la couronne; nous n'avons pas à tenir compte en effet du lev bulgare qui avait, de lui-même, disparu de la circulation.

Le dinar serbe, dont nous avons étudié les caractères dans notre première partie, était un billet de banque. Pendant l'occupation et par suite de la volonté de l'envahisseur, comme nous venons de le signaler, il avait été déprécié par rapport à la couronne. Mais, du jour où l'autorité austro-hongroise cessa de s'exercer et d'assigner la valeur qu'elle désirait au billet serbe, par le libre cours des lois économiques, qui purent alors reprendre leur empire normal, un rapport réel et non fictif, délié de toute contrainte, s'établit aussitôt entre le dinar et la couronne à l'avantage du dinar.

Avant la guerre, la couronne autrichienne était un billet de banque, au sens propre du mot. Mais, pendant les hostilités, elle s'est vu ramenée au rôle de papier-monnaie. Nous savons en effet que les guerres ont toujours provoqué des perturbations dans la circulation monétaire des pays. Les Etats ne pouvant pas couvrir leurs dépenses de guerre par les recettes ordinaires, devenues insuffisantes, ont recours aux emprunts. Comme dans presque tous les pays, il existe des banques d'émission, l'Etat s'adresse à elles pour se faire consentir des emprunts, et cela quand il ne veut pas avoir recours à la création d'un papier-monnaie. Ces emprunts se manifestent par la mise en circulation, pour le compte de l'Etat, d'une quantité de billets de banque, qui n'ont pour couverture que la garantie plus ou moins sérieuse de l'Etat lui-même. La dernière guerre a obligé les états belligérants à contracter des emprunts dans une mesure telle qu'elle a dépassé de beaucoup les prévisions les plus osées. Quand ces emprunts sont faits au détriment de la circulation monétaire, ils produisent des effets pernicieux. En effet, les avances faites à l'Etat par les banques sont garanties par les recettes de l'Etat. On aperçoit tout de suite les conséquences qui en découlent : Si le budget est bien équilibré, si les affaires de l'état sont prospères, la garantie est bonne. Mais, par contre, si les dépenses de l'état excèdent ses recettes, s'il est obligé de vivre d'emprunts et d'expédients, les billets que les banques lui ont avancés, courent de grands risques de n'être pas remboursés ou de l'être en partie seulement. Comme tous les billets de banque se ressemblent, il va sans dire que les mauvais, ceux qui ne représentent pas une valeur (encaisse-métalique), se mélangeant aux autres, les contaminent et, si la dépréciation se produit, elle affecte l'ensemble des billets en circulation. La quantité des billets, mis en circulation dans de telles périodes, est toujours exagérée. La seule limite, étant celle des besoins de l'Etat, leur nombre dépend uniquement de la satisfaction de ce besoin toujours croissant. Cette augmentation est ce qu'on appelle l'inflation, dont la conséquence est la dépréciation du billet et la hausse des prix.

Pour ce qui est de l'Autriche-Hongrie et de la banque d'émission austro-hongroise, on sait que, dès le début de la guerre, cette dernière fut mise entièrement au service de l'Etat. Pour faire face à ses dépenses, l'Etat exigea qu'on lui livrât de fortes sommes en billets de banque et, pour faciliter l'émission, il supprima toutes les garanties concernant jusque-là l'obligation de la couverture et du remboursement.

Il n'est, dès lors, plus étonnant qu'en présence d'une telle politique financière, l'émission des billets couronnes ait atteint des proportions fantastiques, comme nous allons le constater.

On sait, en effet, qu'il y avait en Autriche-Hongrie, à la veille de la guerre, deux milliards et demi de billets-couronnes en circulation. Ces couronnes étaient garanties par une encaisse métallique de un milliard cinq cents millions de couronnes-or. Et, à la fin de 1918, le montant des billets couronnes émis atteignait le chiffre de 35 milliards 500 millions, tandis que l'encaisse métallique était réduite à 342 millions, dont 57 millions en pièces d'argent! La dépréciation de la couronne austro-hongroise fut la conséquence inévitable d'une telle politique financière. Lorsque, après la débâcle austro-hongroise, on a pu constater à quel chiffre s'était élevée l'émission des couronnes, et dans quelle proportion avait diminué la garantie de leur remboursement par la banque, il en résulta une dépréciation immédiate. Cette dépréciation qui fut remarquée dès le jour du retrait des troupes austro-hongroises, alla s'accentuant toujours davantage. Elle se serait sans doute arrêté bientôt si la Banque austro-hongroise n'avait continué à émettre des billets couronnes, et cela pour le compte des deux nouveaux Etats : la République autrichienne et la République hongroise. C'est qu'en effet, malgré la dislocation de l'ancienne monarchie, la Banque austro-hongroise a continué, en attendant sa liquidation, qui ne fut organisée que par le Traité de Saint-Germain (articles 203 à 207), à émettre des billets-couronnes qui étaient absolument semblables à ceux émis avant 1918.

Par suite de cette cause, la couronne autrichienne devint un véritable papier-monnaie. C'est-à-dire un billet dont la promesse de payement n'était qu'illusoire. Le territoire du nouvel état des Serbes, Croates et Slovènes était inondé de ce papier-monnaie, dont la quantité augmentait chaque jour, portant tort aux échanges. C'est pourquoi on dut chercher un moyen d'enrayer l'infiltration des couronnes avant de procéder à l'unification monétaire.

§ II. — Mesures ayant pour but d'empêcher l'infiltration des couronnes en Yougoslavie.

Le gouvernement des Serbes, Croates, et Slovènes a d'abord essayé d'obtenir de la Banque austro-hongroise l'engagement de ne plus faire d'avances à l'Autriche et à la Hongrie, afin de ne pas accentuer encore la dépréciation de la couronne. Cette promesse a bien été donnée mais n'a été qu'illusoire.

Il existait pour la Banque austro-hongroise un autre moyen indirect de faire des avances aux gouvernements autrichien et hongrois : c'était de faire des avances sur « titres d'emprunts de guerre » de l'ancienne monarchie (1). La Banque austro-hongroise, qui, du temps de l'ancienne monarchie, avait accepté le dépôt de ces « titres d'emprunts de guerre » pour fournir des billets de banque à l'État, s'est servi de ces mêmes titres pour émettre de nouvelles couronnes, mais,

(1) *Notre problème monétaire*, Ninchitch, p. 7.

cette fois, à l'intention des deux Républiques, bien qu'elles n'eussent plus rien de commun avec l'ancienne Autriche-Hongrie. La circulation des billets-couronnes alla donc toujours croissant.

N'ayant donc rien pu obtenir à l'amiable de la Banque austro-hongroise, il a fallu appliquer de nouvelles mesures pour combattre le danger de l'infiltration des couronnes.

Deux mesures ont été prises à la fois dans ce but. Ce sont :

1° La défense d'importer des couronnes sur le territoire yougoslave;

2° L'estampillage des couronnes se trouvant en circulation en Yougoslavie.

La défense d'importer des couronnes en Yougoslavie a soulevé de vives protestations à Vienne et à Budapest. Ni l'Autriche, ni la Hongrie, n'avaient de quoi subsister. Elles avaient donc besoin d'importer les produits leur faisant défaut. Ces produits (céréales, grains et bétail), provenant des pays limitrophes et principalement de la Yougoslavie, les couronnes autrichiennes pénétraient journellement, à la suite des échanges, dans les pays exportateurs.

Par suite, l'Autriche et la Hongrie se prétendirent lésées dans leurs intérêts vitaux, puisque, par cette décision, tout achat, moyennant couronnes, devenait impossible en Yougoslavie.

Quant à la mesure de l'estampillage des couronnes, elle a été prise dans le but principal d'empêcher l'infiltration des couronnes et de faire connaître aussi, dans le plus bref délai possible, la quantité de couronnes circulant sur le territoire yougoslave.

Bien que la quantité de couronnes, constatée à l'occasion de l'estampillage, ait augmenté depuis, par suite d'infiltration frauduleuse et de faux estampillages (le retrait n'ayant pas pu être réalisé de suite), ce recensement a, du moins, fourni un point de départ, et a permis d'éviter les errements auxquels on était exposé. On peut juger de l'utilité de cette mesure en comparant ses données aux évaluations antérieures des experts, et dont les chiffres ne variaient pas moins de trois à quinze milliards.

D'après le recensement de janvier 1919 du Ministre des Finances, on a trouvé :

	Couronnes
	—
En Serbie	421.017.405
En Banat et Batchka	1.668.536.437
En Bosnie-Herzégovine	512.122.574
En Croatie et Slavonie	1.948.917.241
En Slovénie	603.326.472
En Dalmatie	163.060.440
En Monténégro	612.646
Total	5.322.593.215

L'estampillage a été effectué au moyen des cachets des Communes et autres autorités locales. Si on considère les résultats de l'estampillage, on peut dire qu'ils ont été assez satisfaisants. L'infiltration des couronnes a été rendue plus difficile sinon impossible. L'unification monétaire allait supprimer la couronne, qui était considérée comme monnaie et acceptée en payements uniquement faute de monnaie légale. l'Etat acceptait les couronnes, suivant un taux déterminé, par rapport au dinar, et les particuliers suivant le cours du marché libre, c'est-à-dire pour la valeur qu'ils voulaient. Mais, comme le dinar circulait également et était une monnaie moins dépréciée que la couronne, il en est résulté un dédoublement des prix, chaque marchandise se trouvant avoir deux prix : l'un établi en dinars, l'autre établi en couronnes. La différence entre les deux prix représentait la dépréciation de la couronne, par rapport au dinar. Les payements pouvaient donc être effectués indistinctement en dinars et en couronnes, en se référant toujours au cours du jour.

Le seul rapport légal et relativement fixe, existant entre les deux monnaies, ne concernait que l'Etat (et les caisses assujetties au contrôle de l'Etat). Ce rapport a d'ailleurs été modifié plusieurs fois. Il a été d'abord de 1 à 2 (1 dinar contre 2 couronnes). Mais, par suite de la baisse de la valeur de la couronne, ce rapport légal a été modifié et a suivi le mouvement de cette dépréciation. Le dernier rapport légal (avant le retrait des couronnes), a été de 1 à 3,5 (1 dinar contre 3 couronnes et demie).

CHAPITRE II

Création de la Banque du Royaume des Serbes, Croates et Slovènes et réalisation de l'unification monétaire.

C'est par la loi du 26 janvier 1920 qu'a été créée la Banque nationale du Royaume des Serbes, Croates et Slovènes. Cette banque n'est, à proprement parler, que la transformation et l'agrandissement de l'ancienne Banque nationale de Serbie. Toutefois, nous signalons, dès maintenant, quelques divergences entre le fonctionnement du nouvel établissement et du précédent. C'est ainsi notamment que, au point de vue de l'émission des billets, il n'y aura plus désormais qu'une seule catégorie de billets de banque, — l'encaisse métallique exigée pour la couverture n'est plus que du tiers du montant des billets émis, — le remboursement des billets est suspendu (cours forcé).

Nous devons signaler ici deux causes qui ont fortement agi dans le sens de la création rapide de la nouvelle banque: Ce sont l'aide financière que la Banque devait apporter à l'Etat et à la collaboration de la Banque et de l'Etat dans la réalisation de l'unification monétaire.

Etant donné que l'unification monétaire a du être réalisée en premier lieu, nous allons aborder immédiatement l'étude de cette question.

La coexistence, dans la circulation, du dinar et de la couronne, dont nous connaissons les funestes effets, appelait une prompte réforme dans le sens d'un assainissement monétaire.

Le rôle que devait jouer la Banque, dans cet ordre d'idées, étant purement passager, les dispositions concernant la réforme se trouvent dans la loi du 20 janvier 1920, sous le titre de « Dispositions transitoires ». Cette loi, publiée au *Journal officiel*, a été rédigée en serbe et en français. Il nous sera donc aisé de citer les articles d'après le texte français. Ceux qui nous intéressent sont ainsi conçus :

Dispositions transitoires.

I

« La Banque nationale du Royaume des Serbes, Croates « et Slovènes mettra en circulation une nouvelle émission « des billets de banque en échange des billets-couronnes de « la Banque austro-hongroise et des billets-argent de la Ban- « que nationale du Royaume de Serbie.

« Les billets-or de la Banque nationale de Serbie circule- « ront au même titre que les billets de la Banque nationale « des Serbes, Croates et Slovènes, jusqu'à ce qu'ils soient « retirés de la circulation. »

II

« Afin d'effectuer cette opération le plus rapidement possi- « ble, la Banque nationale acceptera du Ministre des Finan- « ces les billets commandés en vue du retrait des billets-cou-

« ronnes et les mettra en circulation comme ses propres bil-
« lets provisoires.

« Dans un délai de trois ans au maximum, la Banque na-
« tionale commencera à mettre en circulation ses billets défi-
« nitifs, en échange des billets provisoires... »

IV

« Le montant des billets mis en circulation en échange des
« billets-couronnes sera inscrit sur les livres de la Banque
« comme « Dette de l'Etat, sans intérêt, résultant du retrait
« des billets couronnes ».

« L'Etat est tenu de garantir cette dette de la façon sui-
« vante :

« 1° Par une partie de ses domaines d'une valeur
« égale au montant de sa dette;

« 2° Par un bon du Trésor de la Caisse principale de
« l'Etat du même montant... (*in fine*). Le mon-
« tant des billets émis, en échange des billets-cou-
« ronnes, ne sera pas compris dans le contingent
« régulier de la Banque... »

VII

« L'encaisse métallique entière, ainsi que les créances à
« l'étranger et autre actif de la Banque, serviront de couver-
« ture pour toute la circulation fiduciaire de la Banque. »

Il résulte de ces dispositions de la loi de 1920 que c'est par la création de la Banque nationale serbe, croate, slovène, qu'ont été résolues toutes les questions d'ordre monétaire, notamment l'unification monétaire par l'établissement d'une monnaie légale, émise par une institution centrale d'émission.

§ I. — Réalisation de l'unification monétaire.

Avant d'exposer la réalisation même de l'unification monétaire, par l'émission des billets de banque, en échange des couronnes circulant sur le territoire yougoslave, nous devons consacrer quelques lignes à un programme qui avait été envisagé pour opérer le retrait des couronnes. Nous voulons parler du projet d'une émission de papier-monnaie, sous forme de billets d'Etat.

La situation monétaire, avec la coexistence des billets-dinars et des billets-couronnes, était très confuse, et présentait de nombreux inconvénients. La question de la création d'une banque d'émission n'avait pas encore reçu de solution en ce moment (1918 à 1920). Le retrait des couronnes devait cependant être opéré le plus tôt possible. La nécessité urgente de substituer une monnaie nouvelle aux couronnes, avait déterminé l'Etat à recourir à l'émission du papier-monnaie. Le plan qui devait être mis à exécution dans ce but était le suivant :

C'était, d'abord, l'impression de billets d'Etat contre lesquels on échangerait les couronnes. C'était ensuite d'effectuer l'échange de façon à ce que les nouveaux billets pussent garder une valeur relativement élevée, pour inspirer confiance au public. Ensuite, en mettant de l'ordre dans les finances de l'Etat, il aurait fallu faire cesser peu à peu les émissions nouvelles, et permettre ainsi à l'Etat d'aider, par ses propres moyens, à la solution du problème monétaire (projet Nintchith, p. 27 et suiv.). Le plan exposé n'a pu être suivi, les circonstances dans lesquelles se trouvait le pays n'en ayant pas permis la réalisation. Les billets ont bien été imprimés, mais l'Etat ne les a pas mis en circulation pour son compte personnel. Ils ont remplacé les billets de la Banque au début de son fonctionnement, car elle n'avait pas eu encore le temps nécessaire pour faire les siens.

Les quelques dispositions de la loi de 1920, que nous avons citées, nous montrent que la question de l'unification monétaire a été tranchée différemment. Ce que nous approuvons d'ailleurs pleinement.

Il est incontestable cependant, à notre avis, que, même l'introduction provisoire d'un régime de papier-monnaie, émis directement par l'Etat, eût été préférable à la situation monétaire lamentable qui découla des suites d'une circulation exagérée de couronnes dépréciées. Mais nous ne saurions approuver en aucune façon l'établissement à titre définitif d'un pareil régime. On pourrait nous objecter peut-être que le régime introduit par la Banque est également un régime de papier-monnaie, puisque ses billets ne sont pas remboursables (cours forcé), et sont émis sous forme d'avance à l'Etat, pour lui permettre d'effectuer le retrait des couronnes, c'est-à-dire de payer ses dépenses. Nous reconnaissons qu'en fait, le billet de banque est, dans ces conditions, un papier-monnaie. Mais il possède encore un avantage sérieux sur le papier-monnaie émis directement par l'Etat : à savoir, la confiance plus grande dont il jouit auprès du public, précisément par suite du fait qu'il n'est pas émis directement par l'Etat. Cela est tout naturel, surtout en ce moment, où le crédit de la plupart des Etats est, sinon épuisé, du moins dangereusement ébranlé. D'ailleurs, en général, les états renoncent maintenant et de plus en plus à l'émission directe du papier-monnaie, pour recourir à l'intermédiaire des banques.

Nous avons dit plus haut que ce n'est pas aux billets d'Etat qu'on eut recours en Yougoslavie. Le retrait des couronnes a été effectué au moyen de billets de banque. La première mesure préparatoire, prise dans le but de ce retrait, a été l'estampillage des couronnes trouvées en circulation. La situation, résultant de la mise en œuvre de cette mesure préparatoire, s'en est trouvée sensiblement améliorée. L'infiltration des couronnes a été rendue plus difficile à la suite de la défense de leur importation de l'étranger. Mais cette situation n'a pas été de longue durée. Au mois de juillet 1919, une fâcheuse mesure a été prise, qui est venue empirer l'état de la situation monétaire de la Yougoslavie. A cette date, en effet, l'importation des couronnes a été rendue libre, sauf toutefois pour celles dont l'estampillage avait été manifestement falsifié. Comme il était bien difficile de prouver que l'estampille était fausse, cette décision a permis les plus grands abus. La quantité de couronnes en circulation a immédiatement augmenté, et leur dépréciation s'accentua de plus en plus. En effet, au 15 décembre 1919, la quantité de couronnes émise par la Banque austro-hongroise s'élevait au chiffre de 55 milliards 712 millions. Or, à notre avis, cette mesure ne se justifiait par aucune raison sérieuse. Le résultat qu'elle a donné a été désastreux pour la situation monétaire yougoslave.

Pour effectuer le retrait des couronnes de la circulation, par leur échange contre de nouveaux billets, il fallait trancher auparavant plusieurs questions. La première de ces questions était de déterminer quel serait le caractère des nouveau billets (billets d'Etat ou billets de banque). Cette question, nous le savons, a été résolue par la création de la Banque d'émission. Une autre question à résoudre était la proportion suivant laquelle on échangerait les couronnes dépréciées contre de nouveaux billets. Or, ce n'était pas chose facile. Les possesseurs de couronnes n'étaient pas disposés à consentir de gros sacrifices. Leurs défenseurs sont allés jusqu'à demander l'échange au pair (une couronne contre un dinar). D'autres raisons d'ordre technique retardaient encore le retrait définitif des couronnes, notamment le manque de nouveaux billets, et les lenteurs apportées dans leur fabrication.

Pendant ce temps, l'infiltration des couronnes continuait toujours. De nouvelles mesures devaient être prises en attendant le retrait définitif des couronnes. Ces mesures furent décidées au mois d'octobre 1919; elles visaient le timbrage des couronnes déjà estampillées.

Le timbrage constistait en l'apposition de petits timbres sur les couronnes déjà estampillées. Cette mesure avait pour but d'empêcher l'infiltration des couronnes dont l'estampille avait été falsifiée. Le ministre des Finances a déclaré qu'il prenait cette mesure parce que l'estampillage était un moyen trop peu efficace et trop primitif pour réaliser la séparation des couronnes, se trouvant sur le territoire yougoslave, d'avec les autres couronnes. D'autres raisons ont également motivé l'application de cette mesure. A l'occasion de l'apposition des timbres, l'Etat a eu recours à un emprunt forcé, en effectuant une retenue de 20 % sur le montant des couronnes présentées au timbrage. Cette retenue de 20 % avait pour but de diminuer la circulation des couronnes et d'enrayer leur dépréciation. Le but aurait été atteint si la somme des couronnes ainsi retenues n'avait pas été remise en circulation pour les besoins de l'Etat. De ce fait, le cours de la couronne, qui s'était sensiblement relevé au moment du timbrage, à cause de la diminution de la circulation résultant de la retenue de 20 %, baissa à nouveau et tomba au bout de quelque temps à un niveau inférieur à celui où il se trouvait auparavant.

Néanmoins, le timbrage a répondu d'une manière assez satisfaisante au but directement visé, qui était d'empêcher la continuation de l'invasion des couronnes du dehors en attendant le retrait définitif des couronnes.

§ II. — Retrait des couronnes.

La méthode employée pour réaliser l'unification monétaire en Yougoslavie a été la conversion des couronnes en dinars. Une telle méthode n'est pas nouvelle. Elle a déjà souvent été pratiquée pour assainir la situation monétaire dans différents pays, notamment en Autriche et en Russie en 1887. Seulement, dans ces pays, la conversion du papier-monnaie a été effectuée en billets de banque convertibles, ou encore en espèces.

A la suite de la guerre 1914-1918, la plupart des pays belligérants se sont trouvés aux prises avec les difficultés d'une situation monétaire confuse, causée par la coexistence d'une ou plusieurs monnaies dépréciées et sans aucun rapport entre elles. L'unification monétaire réalisée dans certains de ces pays, principalement en Yougoslavie et en Roumanie sont donc une nouveauté dans l'ordre de questions monétaires, en ce sens que la conversion a été réalisée au moyen d'un autre papier-monnaie.

Entre les conversions antérieures et la conversion effectuée en Yougoslavie, il existe en effet une différence. Nous avons dit que les premières conversions avaient été effectuées soit directement en espèces, soit indirectement en billets de banque convertibles, mais, en Yougoslavie, la conversion n'a pas été effectuée au moyen d'espèces ou de billets de banque convertibles. C'est tout simplement un papier-monnaie très déprécié qui a été converti en un papier-monnaie moins déprécié. Les billets de banque contre lesquels on a échangé les couronnes ne sont pas, en effet, des billets convertibles; ils sont tout simplement un papier-monnaie moins déprécié que celui que l'on a retiré de la circulation.

La conversion n'est pas la seule méthode employée pour réaliser l'unification monétaire; dans quelques pays, en France et en Belgique, ce problème a été résolu d'une manière différente. En France, on a opéré le retrait des marks allemands qui se trouvaient dans les pays envahis par le rachat suivant le taux d'avant-guerre. C'est évidemment la méthode la plus simple pour débarrasser la circulation de la monnaie ennemie, mais aussi la plus coûteuse. Seulement, cette méthode n'est praticable que dans le cas où la quantité des billets à retirer est minime par rapport à la quantité de billets en circulation contre lesquels on veut les échanger. Il en résulterait, autrement, une lourde dette pour l'Etat et l'inflation en serait accrue.

La Belgique a résolu la question de l'inflation et de l'unification monétaire par un emprunt intérieur. Elle a émis des bons d'Etat qu'elle délivrait contre les marks allemands, dont le montant s'élevait à six milliards. La plus grosse partie des marks qui se trouvaient en circulation a été retirée par ce moyen. Le surplus a été ensuite échangé contre les billets de la Banque nationale de Belgique, suivant le rapport d'avant-guerre, soit 1 mark contre 1,25 Fr.

Nous avons dit plus haut que la Yougoslavie a employé la méthode de la conversion pour retirer de la circulation le papier-monnaie ennemi très déprécié, et qui avait été émis en quantité exagérée. Cette conversion a été réalisée par un échange du papier-monnaie déprécié (couronne), contre les billets de banque nationaux (dinars), moins dépréciés, et cela, d'après un cours très inférieur à la parité. En d'autres termes, la dépréciation des billets couronnes par rapport aux billets dinars a été légalement constatée. Une raison spéciale a déterminé cette évaluation de la dépréciation de la couronne. La somme des billets couronnes à retirer était de beaucoup supérieure à la somme des billets dinars en circulation, lesquels étaient également dépréciés, quoiqu'ils le fussent bien moins que les couronnes. Par conséquent, si on avait effectué l'échange des couronnes contre les dinars, et si cet échange avait été fait au pair, la quantité des dinars se serait notablement accrue, dans une proportion dépassant les besoins de la circulation, et une forte dépréciaion s'en serait suivie.

Nous laissons de côté la question de savoir si l'Etat doit

employer plutôt telle méthode que telle autre, pour réaliser la réforme. C'est une question qui doit, dans chaque cas, être résolue différemment et conformément à l'état de la circulation au moment de la réforme. Cependant, une idée directrice ne doit pas être perdue de vue, à savoir que la réforme ne doit produire aucune perturbation dans l'état économique du pays. Une baisse ou, au contraire, une hausse brusque dans la valeur de la monnaie pouvant avoir des conséquences désastreuses pour l'activité économique du pays.

La déflation était indispensable pour l'assainissement de la monnaie yougoslave, mais il était bon de n'effectuer cette déflation qu'avec beaucoup de lenteur et de prudence. En effet, cette mesure risque d'être accompagnée à chacune de ses étapes de secousses pénibles, et même de contre-coups désastreux.

Le procédé employé en Yougoslavie pour réaliser l'unification monétaire a donc été la conversion, basée sur la dépréciation du papier-monnaie à convertir.

Nous avons vu quelle est la raison qui à déterminé les pouvoirs publics à employer cette méthode. Il nous reste maintenant à examiner dans quelle mesure la dépréciation de la couronne a été déterminée c'est-à-dire quel a été le taux de la conversion et comment il a été fixé.

Pour établir le taux de cette conversion, il a fallu tenir compte de deux considérations : en premier lieu, de la valeur respective des deux papiers-monnaies, autrement dit de leur cours en bourse. En second lieu, de l'opinion du public, dont la grande majorité était en possession de nombreuses couronnes. En ce qui concerne la première de ces considérations, le cours de la couronne par rapport au dinar a constamment varié. A la fin de l'année 1919, le rapport des deux monnaies a été de 1 dinar pour 2,75 couronnes; plus tard, ce rapport a été de 1 dinar pour 4,10 couronnes.

En ce qui concerne l'opinion du public, il y en avait deux, diamétralement opposées: la première tendait à la destruction complète de la couronne, et demandait que l'échange soit effectué suivant un rapport de 1 à 10. Les défenseurs de cette opinion étaient naturellement les possesseurs de dinars. La seconde opinion, dont les défenseurs étaient les possesseurs de couronnes, proposaient l'échange au pair. Ces deux opinions extrêmes étaient dictées par l'intérêt particulier des uns et des autres qui se souciaient peu des conséquences de telles mesures au point de vue de l'intérêt général.

Disons tout de suite qu'aucun de ces deux projets extrêmes n'a été adopté.

Partant du principe que la réforme monétaire ne doit provoquer ni une hausse ni une baisse brusque dans la valeur de la monnaie qui reste en circulation, le gouvernement yougoslave a pris la décision suivante, concernant l'échange des couronnes contre les dinars.

Publiée dans le *Journal officiel* du 18 juillet 1920, cette décision est ainsi conçue :

> 1° Le ministre des Finances peut commencer immédiatement à faire estampiller les billets commandés pour la réforme monétaire; chaque billet doit porter inséré sur ses deux faces, son évaluation en couronnes, suivant le rapport de 1 dinar pour 4 couronnes;

2° Le Ministre des Finances est autorisé à commencer le retrait des billets actuels, couronnes et dinars, pour les remplacer par les billets couronnes-dinars nouveaux, dès qu'il en disposera en quantités suffisantes;

3° Les billets-couronnes de 1, 2, et 10 couronnes resteront encore provisoirement en circulation;

4° Vu que la couronne constitue dans une partie de notre royaume la commune mesure des valeurs et qu'une autre partie compte en dinars, les caisses publiques continueront à tenir leur comptabilité en les deux unités monétaires;

5° Dès que les billets couronnes de la Banque austro-hongroise et les billets dinars de la Banque nationale serbe seront retirés de la circulation, le nouveau billet couronne-dinar de la Banque nationale serbe, croate, slovène deviendra l'unique moyen légal du payement. Les payements se font par conséquent, en une seule monnaie, sans tenir compte de l'unité monétaire d'après laquelle est évaluée la somme à payer;

6° La valeur en or de l'une et de l'autre unité monétaire sera déterminée au moment jugé opportun par une loi spéciale.

Il résulte de ce texte que le taux de la conversion a été de 1 dinar contre 4 couronnes. Ce rapport légal était d'ailleurs le plus conforme aux faits, 100 couronnes valaient à la Bourse 24,44 dinars au moment de la réforme.

Nous voyons également que les réalisateurs de la réforme

ont pris en considération l'habitude de la masse de la population à se servir des couronnes. Ils ont compris la difficulté d'imposer à la population, du jour au lendemain, l'obligation de compter en une nouvelle unité monétaire. Cela explique la création du billet dinar-couronne. Nous en avons ainsi terminé avec l'examen des mesures prises pour réaliser l'unification monétaire en Yougoslavie. Le billet-couronne, un papier- monnaie, mauvais à tous les points de vue, a disparu de la circulation pour faire place à une monnaie garantie par tout l'avoir d'une banque d'émission.

CHAPITRE III

L'Emission des billets de banque sous le régime actuel. (Loi de 1920).

Toutes les questions d'ordre monétaire ont été solutionnées par la création de la Banque nationale du Royaume des Serbes, Croates, et Slovènes. C'est par son entremise qu'a été réalisée l'unification monétaire. C'est encore elle qui, par l'organisation du crédit et l'émission des billets de banque, a procuré les ressources financières nécessaires au commerce et à l'industrie.

Le mode d'émission actuel des billets de banque, en Yougoslavie est régi par la loi du 9 janvier 1920, modifiée partiellement à la date du 19 février 1921 (1).

Rappelons que la loi du 10 décembre 1878 sur les monnaies métalliques serbes est toujours en vigueur. L'unité monétaire est donc le « dinar », tel qu'il a été défini par cette loi (2). Ainsi, le système actuel des monnaies métalliques légales ne diffère pas de celui des pays de l'Union latine.

(1) *Journ. off.*, du 3 mai 1921.

(2) D'après la loi du 10 décembre 1878, toujours en vigueur, le dinar-or est la vingtième partie d'une pièce d'or contenant neuf dixièmes de métal fin et pesant 6 gr. 45; le dinar argent est la cinquième partie d'une pièce d'argent de 25 grammes au titre de neuf dixièmes.

D'après la loi de 1920, la Banque a le privilège de l'émission. Nous nous trouvons donc en présence d'un monopole absolu. La nouvelle Banque, comme d'ailleurs l'ancienne Banque serbe, dont elle n'est que l'agrandissement, est un établissement privé, soumis au contrôle de l'Etat et plus spécialement sous le rapport de l'émission des billets.

§ 1. — Les Billets.

Les billets de la nouvelle Banque sont libellés en dinars. Toutefois, ceci n'empêche pas de relever une notable différence entre les billets de l'ancienne Banque serbe et ceux émis sous le nouveau régime. En effet, aux termes de l'article 16 de la loi de 1920 : « La Banque nationale est tenue de payer chacun de ses billets en monnaie métallique légale, dès qu'il lui sera présenté. Chaque billet doit porter dans son texte imprimé cet engagement de la Banque. » A la simple lecture de ce texte, on ne peut savoir si le billet sera remboursable en or ou bien en argent, la loi ne précisant pas. Or, nous n'ignorons pas qu'il y avait eu en Serbie et avant la guerre deux sortes de billets qui, suivant les mentions qu'ils portaient, étaient payables (remboursables), en or ou bien en argent (billet-or et billet-argent). Nous ne trouvons plus à l'heure actuelle, dans la loi de 1920, comme dans celle de 1885, une disposition prescrivant l'émission de billets-or et de billets-argent. La dernière loi, en effet, stipule que tous les billets sont remboursables en « monnaie métallique légale ».

Les billets émis par la Banque serbe, croate et slovène, sont proclamés moyen général de payement, dans tout le pays. Ils ont cours légal et, par conséquent, ne peuvent pas être refusés en payement. A ce point de vue, ils diffèrent encore des billets de l'ancienne Banque serbe. Nous avons vu en effet, qu'en Serbie les billets de banque n'ont pas eu cours légal, au sens strict du mot, les caisses de l'Etat seules et celles assujetties à son contrôle étant tenues de les accepter au pair. Semblable disposition n'existait pas à l'égard des particuliers qui étaient libres de les refuser, cas qui ne s'est, d'ailleurs, jamais produit. Sans avoir eu cours légal, les billets de la Banque serbe ont cependant eu, en fait, une pouvoir libératoire illimité. Sur ce point, la loi de 1920 ne laisse plus aucun doute puisque, dans son article 15 *in fine*, elle les proclame instrument général de payement.

Si, en principe, la Banque est tenue de rembourser ses billets à vue, en fait, depuis l'origine de la Banque, le remboursement de ces billets est suspendu : c'est le régime du cours forcé. En effet, dans les dispositions transitoires, insérées dans la même loi de 1920, nous trouvons dans l'article 12 : « L'échange des billets de la Banque nationale du Royaume des Serbes, Croates et Slovènes contre la monnaie métallique légale est suspendu. On procédera à cet échange lorsque les circonstances économiques et financières générales du pays et l'état de l'encaisse en or de la Banque le permettront, après accord préalable entre le gouvernement royal et la Banque nationale et une autorisation légale apportée à ce sujet. » La conséquence de cet article est que le billet de banque a pouvoir libératoire illimité. La circulation du billet n'exclut pas la circulation de l'or. Mais, en Yougoslavie, à la différence de ce que nous trouvons dans les autres pays à étalon d'or, aucun rapport légal et paritaire n'existe entre l'or et le billet qui a cours forcé. En effet, l'achat et la vente de l'or sont libres. Seul, le commerce des pièces d'argent est interdit; elles doivent être acceptées pour leur valeur nominale, puisque la parité légale est établie entre ces pièces et les billets.

§ II. — L'encaisse métallique.

Une seconde différence à signaler entre l'ancienne Banque serbe et la Banque yougoslave concerne l'encaisse métallique : si l'encaisse métallique de la Banque serbe ne devait se composer que de métal fin (or et argent), l'encaisse métallique de la Banque yougoslave, au contraire, est susceptible de comprendre d'autres valeurs. L'idée d'encaisse métallique a, en effet, été interprétée d'une manière plus large : c'est ainsi que, dans l'article 19, nous voyons que l'encaisse métallique ne comprend pas seulement l'or et l'argent se trouvant dans les caisses de la Banque ou encore son avoir à l'étranger, mais qu'elle peut se composer encore d'autres valeurs (obligations, lots, bons, actions garantis par l'Etat).

A proprement parler, ce changement apporté à la compréhension du terme « encaisse métallique » n'est que la consécration légale de la pratique de l'*échange provisoire*, surtout usité au cours de la dernière guerre. A cette époque, le gouvernement et la Banque s'entendaient pour considérer comme de l'or l'avoir de l'Etat à l'étranger. De ce fait, cet avoir pouvait faire l'objet de l'*échange provisoire*.

Si nous examinons le bilan de la Banque du Royaume des Serbes, Croates et Slovènes du 31 décembre 1922, et plus particulièrement les éléments qui figurent sous la rubrique « Encaisse métallique », nous voyons qu'ils sont au nombre de quatre :

Métal :

1° L'or se trouvant dans les caisses de la Banque;
2° L'argent se trouvant dans les caisses de la Banque;

Différentes monnaies étrangères :

3° Les billets de banque étrangers se trouvant dans les caisses de la Banque;
4° L'avoir à l'étranger.

Le bilan nous donne encore la part contributive de chacun de ces éléments dans la composition de l'encaisse de la Banque :

Etat de l'encaisse de la Banque au 31 Décembre 1922

1° En or	64.012.507,92	
2° En argent	16.546.411,50	
		80.558.919,42
3° Monnaies étrangères en caisse (billets de banque)	1.154.288,67	
4° Monnaies étrangères chez les correspondants étrangers (billets de banque)	267.587.247,47	
		268.741.536,14
Soit au total		349.300.455,56

On constate donc, à la lecture de ce tableau, extrait du bilan de la Banque, que la plus grande partie de l'encaisse métallique est constituée par l'avoir de la Banque à l'étranger.

Il n'y a rien de surprenant, à notre avis, à ce qu'on ait été amené à admettre certains billets de banque étrangers pour servir de couverture à l'émission des billets. De deux choses l'une : ou bien ces billets étrangers sont convertibles et, par suite, peuvent être considérés comme équivalant à l'or, ou bien ils sont inconvertibles et alors s'ils sont d'une valeur constante et supérieure à celle des billets dont ils doivent assurer la couverture, ils constituent, même dans ce dernier cas, une garantie suffisante puisque leur valeur est supérieure à celle des billets à émettre. Naturellement, tous les billets étrangers ne peuvent pas remplir ce rôle. Aussi, le législateur serbe a-t-il du spécifier quels billets seraient seuls admis (dollar, livre sterling, franc suisse, français, etc.).

§ III. — L'émission basée sur l'état de l'encaisse.

Dans notre première partie, nous avons vu de quelle façon l'émission des billets de banque avait été limitée, en Serbie, avant la guerre. Pour les billets-or, la limitation était basée sur une couverture de 40 %. Mais nous savons que l'émission des billets-argent a été limitée. La loi de 1896 avait fixé un maximum légal de vingt-cinq millions de dinars. Nous avons vu également que ce maximum légal avait du être élevé au cours des années suivantes, mais la limitation directe pour les billets-argent n'a jamais cessé d'exister.

Sous le régime actuel, en Yougoslavie, il existe bien une limitation à l'émission des billets de banque, mais le maximum légal a été supprimé. En effet, d'après la loi de 1920, cette limitation consiste en une proportion établie entre l'encaisse métallique et la quantité de billets que la Banque peut émettre. Cette proportion est déterminée par l'article 20 de la loi de 1920, qui s'exprime en ces termes : « La Banque nationale pourra, à titre de contingent régulier, mettre en circulation des billets pour une somme égale au maximum de trois fois son encaisse métallique. »

Nous pouvons mieux saisir maintenant les différences existant entre le nouveau système d'émission et celui en vigueur du temps de la Banque nationale serbe. Le système de la Banque serbe se rapprochait du système de la Banque belge, en ce sens que l'émission de ses billets était rigoureusement liée à une couverture effective de 40 %. Au contraire, depuis la loi de 1920, l'émission étant basée sur la couverture du tiers, le nouveau système se rapproche de celui de la Banque d'Allemagne. En effet, le paragraphe 17 de la loi du 14 mars 1875, sur la Reichsbank dispose qu'en tout temps « les billets de banque seront couverts au minimum pour un tiers par du numéraire ».

La Banque serbe, croate, slovène, ne peut donc émettre de billets dans une proportion supérieure à trois fois son encaisse métallique. Ce système présente de graves inconvénients au point de vue élasticité. Dans presque tous les pays, où l'émission est liée, suivant un certain rapport déterminé à l'encaisse métallique, il existe des dispositions spéciales permettant aux banques et suivant certaines conditions, de dépasser cette proportion. En Yougoslavie, nous ne trouvons rien de pareil. Personnellement, nous considérons cela comme une lacune, puisque, de ce fait, la Banque peut se trouver dans l'impossibilité de remplir le rôle secourable qui incombe normalement à une banque d'émission : la circulation des billets risque de devenir insuffisante pour les besoins du commerce et de l'industrie.

Il semble, du moment qu'on a opté pour la couverture du tiers, que le législateur aurait dû assurer plus d'élasticité à l'émission en permettant à la Banque de dépasser cette limite. Nous ne sommes pas partisan de toute absence de limitation, ce serait trop dangereux, et d'autant plus que les billets sont inconvertibles (cours forcé). S'il en était ainsi, en effet, la Banque n'étant pas obligée de rembourser, aurait tendance à exagérer son émission. La théorie quantitative de la monnaie trouverait alors sa pleine et entière réalisation : la valeur des billets inconvertibles serait déterminée uniquement par leur quantité en circulation. Nous souhaiterions qu'il soit permis à la Banque de pouvoir, si les besoins l'exigeaient, dépasser cette limite du triple. Elle pourrait atteindre ce but, par exemple, si l'Etat l'autorisait à élever le taux de l'escompte sur les billets émis à découvert, ou encore s'il stipulait qu'un impôt (comme en Allemagne) serait prélevé pour le compte de l'Etat sur le montant de l'émission à découvert. De cette façon, on aurait la certitude de ne pas voir la Banque émettre sans nécessité les billets à découvert. En effet, dans le premier cas, les billets pénétrant moins facilement en circulation, par suite de l'élévation du taux de l'escompte, ne seraient demandés par le public que dans le cas de nécessité réelle, et, dans le second cas, la Banque devant donner une partie plus ou moins grande de ses bénéfices à l'État, sous la forme de l'impôt, n'émettrait les billets à découvert qu'en désespoir de cause, si les besoins l'exigeaient impérieusement.

Nous disions tout à l'heure que la proportion de un à trois, devant être observée entre la couverture et l'émission, ne concerne que les billets émis à titre de contingent régulier; c'est-à-dire ceux que la Banque émet pour son propre compte. La quantité de billets émise est donc étroitement liée à l'encaisse métallique, elle dépend de celle de l'encaisse et varie dans le même sens.

Si nous comparons le montant total des billets en circulation avec le montant de l'encaisse, nous sommes amené à constater que la proportion du triple n'est pas respectée. En effet, le montant des billets est de beaucoup supérieur au triple de l'encaisse. Nous n'ignorons pas la cause de cette disproportion : elle provient des émissions faites pour le compte de l'Etat. Déjà, avant la guerre, en Serbie, la somme totale des billets en circulation était supérieure au maximum légal. Cela provenait des avances que la Banque consentait à l'Etat. Ces avances ne rentraient pas dans le contingent régulier prévu par la loi, et elles étaient effectuées au moyen de billets émis en plus du maximum légal, à titre de contingent extraordinaire. De ce fait, la somme totale des billets en circulation dépassait le maximum fixé par la loi. Mais, jusqu'à la guerre, cette différence n'était pas considérable, les billets émis en plus du maximum légal, à titre de contingent extraordinaire, représentaient à peu près le quart ou le tiers, suivant les années, du contingent régulier. Aujourd'hui, il n'en est plus ainsi, la différence entre la somme totale des billets en circulation et le contingent régulier est beaucoup plus considérable. Principalement, à la suite de la dernière guerre, la situation financière de l'Etat étant devenue mauvaise, l'Etat a dû recourir aux emprunts. Il s'adressait dans ce but à la Banque qui lui fournissait les billets dont il avait besoin. Bien que cette politique financière, pratiquée au détriment de la circulation fiduciaire, ait été surtout suivie au lendemain de la guerre, les effets en sont encore nettement ressentis.

Le bilan de la Banque nationale du 31 décembre 1922 nous indique quelle était à cette date la quantité de billets en circulation (les choses ne sont pas sensiblement différentes à l'heure actuelle).

D'après ce bilan, la somme totale des billets en circulation s'élève à 5.039.883.135 dinars. D'après le même bilan, le montant de l'encaisse métallique est de 349.300.455,56 dinars. Or, si nous multiplions ce dernier chiffre par trois nous obtenons la somme de 1.047.901.366,68 dinars, somme qui représente le maximum du contingent régulier. Recherchons maintenant quelle est la quantité de billets émis à titre de contingent régulier et celle de billets émis pour le compte de l'Etat. A première vue, il semblerait que le montant des billets émis pour le compte de l'Etat, s'élève à la somme de 3.991.981.768,32 dinars, représentant la différence entre la somme totale des billets en circulation et le maximum du contingent régulier, pouvant être émis d'après l'état de l'encaisse. Ce chiffre de 3.991.981.768,32 est inférieur à la réalité. Ici encore, le bilan du 31 décembre 1922 nous en fournit la preuve par les chiffres suivants :

	Dinars
Avances à l'État, compte pour la conversion des billets-couronnes	1.238.193.889,71
Compte de l'échange provisoire	312.119.333,59
Avances sur crédit ordinaire de un milliard de dinars	967.237.224,46
Avances sur crédits extraordinaires de deux milliards de dinars	2.000.000.000,00
Total	4.517.550.447,76

Il résulte de ce bilan que presque les neuf dixièmes des billets ont été émis pour le compte de l'Etat. En effet, sur 5.039.883.135 dinars, qui représentent la circulation totale des billets, 4.517.550.447,76 dinars ont été émis pour le compte de l'Etat, et 552.332.687,24 dinars pour le compte de la Banque.

La loi de 1920 ne prescrit aucune couverture métallique pour les billets émis pour le compte de l'Etat. Toutefois, une partie de ces billets est garantie par les Domaines de l'Etat, c'est celle qui a servi au retrait des billets-couronnes. Les autres billets n'ont pour couverture que le crédit de l'Etat. Or, en général, le crédit de l'Etat est quelque chose de très instable, surtout dans les périodes troublées que nous traversons. C'est un facteur qui est conditionné lui-même par les événements de chaque jour. Le crédit de l'Etat est quelque chose de toujours un peu aléatoire.

CHAPITRE IV

§ 1. — Opération de crédit; mode d'émission principal.

Quand nous avons parlé de la Banque nationale serbe, nous avons dit que l'opération principale, par laquelle elle faisait l'émission des billets, consistait en « avances sur gages des effets de commerce ». Cette opération (d'ailleurs la plus importante) était réservée aux établissements de crédit. Vis-à-vis des particuliers, l'opération la plus courante était l'escompte.

La Banque nationale serbe, croate-slovène, a commencé son fonctionnement le 1er février 1920. Avec la création de la nouvelle Banque, l'opération consistant en « avances sur gage des effets de commerce » a disparu. En effet l'article 2 de la loi de 1920, qui énumère les opérations que la Banque peut faire, est ainsi conçu: « La Banque nationale ne fera que les opérations suivantes :

1° L'escompte et le réescompte des traites commerciales avec au moins deux signatures sûres...;

2° L'achat et la vente d'or et d'argent;

3° Des prêts sur nantissement :

a) d'or et d'argent;

b) d'obligations de l'Etat de n'importe quelle sorte (obligations, lots, bons), ainsi que d'obligations, actions, garanties par l'Etat;

4° L'émission de mandats de payement à courte échéance...;

5° Acceptation en dépôt d'argent et d'autres valeurs;

6° L'acceptation d'argent et d'autres valeurs sur comptes courants...;

7° L'ouverture de comptes de virements;

8° L'exécution de recouvrements, de payements, après avoir reçu au préalable les couvertures nécessaires...;

9° Le service de la souscription d'emprunts pour le compte de l'Etat;

10° Des prêts sur nantissements d'obligations de l'Union des coopératives agricoles ....

... (*in fine*)... en outre de toutes ces opérations, la Banque nationale fera aussi, gratuitement, le service de caissier de l'Etat, sous les conditions qu'elle déterminera avec le Gouvernement... »

Nous constatons que l'opération consistant en « avances sur gage des effets de commerce », n'est plus mentionnée par le législateur au nombre des opérations permises à la Banque. Il faut en conclure que la Banque n'a plus le droit de faire cette opération. Aujourd'hui, son opération la plus importante et constituant son mode d'émission principal, est « l'escompte des effets de commerce ».

Nous savons que la Banque nationale Serbe a pratiqué deux taux de lescompte. Cette pratique a été maintenue par la nouvelle Banque. Depuis le début de son fonctionnement, ces taux n'ont pas varié, le premier, appliqué aux établissements de crédit, est de 5%, et le second, appliqué aux particuliers, est de 6 %.

D'après les bilans des dernières années de la Banque, nous constatons que l'opération de beaucoup la plus importante est l'escompte. Il reste bien entendu que ces chiffres ne doivent pas être comparés aux chiffres des avances consenties à l'Etat par la Banque.

Pour bien montrer l'importance de l'escompte, par rapport aux autres opérations, nous pouvons rapprocher les chiffres de l'escompte de celui des avances sur titres. Voici à ce sujet les chiffres que nous fournissent les bilans de la Banque des trois dernières années :

Depuis le 17 février 1920, jusqu'au 31 décembre 1920 :

	Escompte (*Dinars*)	Avances sur titres (*Dinars*)
Siège central	143.773.043	20.601.446
Succursales	283.263.140	12.180
Totaux	427.036.183	20.613.626

Depuis le 1er janvier 1921, jusqu'au 31 décembre 1921 :

	Escompte (*Dinars*)	Avances sur titres (*Dinars*)
Siège central et succursales	1.689.835.290	18.939.310

Depuis le 1er janvier 1922, jusqu'au 31 décembre 1922 :

	Escompte (*Dinars*)	Avances sur titres (*Dinars*)
Siège central et succursales	5.683.505.932	86.085.278

Ces chiffres nous permettent de nous rendre compte de l'importance de l'escompte par rapport à l'avance sur titres. Or, toutes les autres opérations de la Banque, si nous ne tenons pas compte des avances à l'Etat, sont encore de moindre importance que l'avance sur titres.

§ II. — La Banque et l'État.

Il résulte de notre précédent exposé qu'il existe une différence importante entre les rapports de l'ancienne Banque serbe avec l'Etat serbe et ceux de la nouvelle Banque serbe-croate-slovène, avec le nouvel Etat. N'oublions pas que, parmi les causes qui ont amené la création de la Banque serbe-croate-slovène, l'aide financière qu'elle serait appelée à apporter à l'Etat n'est pas la moindre. Par suite, les opérations entre la Banque et l'Etat ont été beaucoup plus fréquentes et développées que par le passé. Par ailleurs, la mauvaise situation économique du pays, conséquence de la guerre, s'est répercutée sur les finances de l'Etat qui, ainsi, a dû encore faire appel à la Banque.

La loi de 1920 précise dans quelle mesure la Banque devra prêter son concours à l'Etat. Tout d'abord aux termes de l'article 12, l'Etat a la faculté de faire escompter par la Banque, pour réaliser un fonds de roulement, des bons du trésor, qui pourront être escomptés jusqu'à concurrence de cent cinquante millions de dinars au plus, avec un intérêt maximum de 2 %.

A côté de ce genre de prêt, la loi de 1920 a prescit à la Banque de faire à l'Etat une avance pour effectuer le retrait des couronnes. Cette dette, dont le montant s'élève à 1.194.542.407 dinars (Bilan de la Banque, 31 déc. 1920), n'est pas productive d'intérêts. Ceci résulte de l'article 4 des dispositions transitoires qui est ainsi conçu: « Le montant des billets, mis en circulation, en échange des billets-couronnes, sera inscrit dans les livres de la Banque comme dette de l'Etat sans intérêt, provenant du retrait des billets couronnes. »

Le remboursement de cette dette est garanti par les domaines de l'Etat. Seulement, en ce qui concerne le délai dans lequel l'Etat doit rembourser cette dette à la Banque, il n'est pas prévu d'une façon précise. C'est une avance à long terme. Toutefois, l'article 6 des dispositions transitoires détermine les modalités de ce remboursement. L'Etat, dit-il, est tenu de rembourser la dette provenant du retrait des billets couronnes à l'aide des ressources suivantes :

1° De sa part totale dans les bénéfices de la banque;

2° D'une partie du produit net de ses domaines, dont le montant sera déterminé par le budget;

3° Par des dotations extraordinaires prévues dans le budget;

4° Par l'amortissement régulier de 1 % par an, chaque année, du reste de la dette, à partir de la sixième année, à dater de l'entrée en vigueur de cette loi; et de 2 % après la neuvième année.

Pour déterminer exactement le moment où toute la dette, résultant du retrait des billets-couronnes, sera éteinte, il faudrait connaître à l'avance le montant de toutes les ressources destinées au remboursement, ce qui ne serait d'ailleurs possible qu'approximativement. Une seule chose est certaine : c'est qu'il faudra encore bien des années avant que cette dette ne soit éteinte.

Ce ne sont pas les seuls prêts que la Banque ait consenti à l'Etat en ces dernières années. A la suite de la situation créée par la guerre, l'Etat, trouvant difficilement des prêteurs, a dû encore avoir recours à la Banque. Dans la loi même de 1920, nous trouvons déjà l'ouverture de deux crédits : d'après l'article 10 des dispositions transitoires, la

Banque consent à l'Etat un premier prêt de 500.000.000 de dinars, garantis par des bons du trésor. Ce premier prêt n'est pas productif d'intérêt et constitue en quelque sorte le prix du privilège de la Banque, le remboursement n'en étant pas prévu. D'après le même article, une second prêt de 1.500 millions est encore consenti à l'Etat. Ce second prêt, non productif d'intérêt, est toutefois remboursable dans un délai de dix années.

C'est à peu près la liste complète des avances consénties à l'Etat par la Banque au cours de ces dernières. On se rend compte que la somme des billets émis, pour permettre à l'Etat de payer ses dépenses, est considérable. Par contre, la somme des billets émis, pour les besoins du commerce et de la production est insignifiante. Ainsi donc, la principale fonction de la Banque, depuis la fin de la guerre, a consisté à financer l'Etat et cela au détriment de la prospérité générale du pays. Il est vrai qu'elle a dû souvent céder au droit du plus fort.

CHAPITRE V

La dépréciation du dinar.

Dans tous les pays belligérants, nous avons assisté depuis la guerre à une dépréciation des billets de banque plus ou moins accentuée. En ce qui concerne la Yougoslavie nous constatons le même fait. Cette dépréciation est causée à notre avis, par deux faits principaux : l'émission exagérée des billets et la suppression légale et de fait de leur remboursement. D'une manière générale ces deux causes se manifestent simultanément en se suivant de près.

Nous savons déjà que, si les signes monétaires, consistant en billets de banque convertibles, deviennent trop nombreux, la dépréciation de ces billets n'est pas à craindre : en effet, le surplus des billets peut être rapidement ramené au niveau normal par la transformation de ces billets en monnaie métallique. L'équilibre sera donc ainsi rapidement rétabli.

La situation n'est plus la même, si, au lieu d'être convertibles, les billets en circulation sont inconvertibles, de par la loi. Dans ce cas, nous nous trouvons en présence du cours forcé. Le cours forcé relève la Banque de l'obligation de rembourser en espèces les billets émis; il transforme par suite le billet en un papier monnaie dont le pouvoir d'achat dépend des espérances plus ou moins fondées d'un remboursement plus ou moins lointain. Dès lors, le papier à cours forcé est l'instrument des emprunts à la circulation. La surabondance de la circulation des billets inconvertibles provoque fatalement la diminution de leur valeur. Les billets à cours forcé subissent cette dépréciation, précisément parce qu'ils sont émis dans des périodes critiques, à un moment où le crédit de l'État est dangereusement ébranlé.

La conséquence de ces émissions de billets de banque à cours forcé provoque la fuite du numéraire métallique. La loi donne cours légal au papier pour sa valeur nominale et lui attribue une valeur égale à celle de la monnaie métallique. La loi de Gresham trouve, en de pareilles circonstances, une application facile : le billet de banque — monnaie dépréciée — chasse bientôt la bonne — la monnaie métallique. — Dans l'espace de peu de temps il ne reste plus dans le pays qu'un seul instrument de paiement très déprécié : le billet de banque à cours forcé.

A la suite de la guerre, la majorité des États européens ayant recouru dans une très large mesure à l'émission de billets, pour lesquels ils décrétèrent le cours forcé, billets qui n'étaient émis que pour leurs dépenses personnelles et non pour les besoins de la circulation, la dépréciation que nous avons signalée s'est manifestée et, la loi de Gresham ayant trouvé son application, la monnaie métallique a complètement disparu de la circulation.

Il serait osé de croire que l'établissement du cours forcé soit la seule cause de la dépréciation des billets de banque. Il ne faut pas perdre de vue que l'émission de tout billet de banque, même inconvertible, a, pour base première, l'existence d'une couverture métallique. Nous pouvons remarquer à ce sujet que, si le législateur établit le cours forcé, c'est dans le but de défendre l'encaisse métallique. Il nous semble dès lors impossible d'admettre que l'encaisse métallique n'ait pas à entrer en ligne de compte dans la détermination du pouvoir d'achat des billets. En effet, si les billets à cours forcé ont pour garantie le crédit de l'Etat, il va sans dire que l'état de l'encaisse est considéré comme renforçant cette garantie. Il est logique que, si la quantité de billets émis à découvert pour le compte de l'Etat augmente et que le montant de l'encaisse reste stationnaire, ce montant doit être réparti sur un nombre de billets plus élevé, ce qui diminue d'autant la garantie de chaque billet.

En ce qui concerne la Yougoslavie, deux causes ont, à notre avis, amené la dépréciation du dinar. En premier lieu, l'émission exagérée de billets de banque inconvertibles (cours forcé), a entraîné la baisse du billet dinar. En second lieu, la disproportion de plus en plus sensible entre le montant de l'encaisse (diminuant d'années en années), et la quantité des billets en circulation (augmentant de jour en jour), a encore contribué à la dépréciation du papier-monnaie yougoslave.

A notre avis, la dépréciation du billet dinar peut se résumer dans l'énoncé des deux propositions suivantes :

1° L'augmentation de la circulation des billets entraîne la dépréciation du dinar;

2° La diminution progressive de l'encaisse contribue encore à la dépréciation.

Le tableau suivant, donnant, pour les années 1920-1921 et 1922, l'état de l'encaisse, la quantité des billets en circulation et le cours du dinar, permet de se rendre un compte exact du concours de ces différentes causes et d'en contrôler l'importance :

		En caisse	Billets en circulation	Cours du change (1)
1920	Janvier....	543.674.215	2.123.448.440	215 à 260
»	Juillet.....	489.961.346	2.743.322.160	124 à 126
»	Décembre..	431.362.478	3.344.127.710	210 à 227
1921	Juillet.....	437.336.343	3.745.943.390	300 à 342
»	Décembre..	401.353.036	4.688.443.680	500 à 539
1922	Juillet.....	362.046.386	4.868.701.175	610 à 656
»	Décembre..	349.300.455	5.039.883.135	503 à 695

Nous synthétisons ces données dans le graphique ci-contre.

S'il n'y a pas corrélation exactement proportionnelle entre l'augmentation des billets et la diminution de l'encaisse, d'une part et la dépréciation du dinar, d'autre part, c'est qu'à certains moments d'autres influences se sont fait sentir, qui ont contrarié les effets des deux causes principales que nous avons signalées. Ces fluctuations plus ou moins sensibles proviennent principalement de l'état de la balance des comptes, du mouvement des importations et des exportations, des événements politiques, de la spéculation ou encore du fait de l'intervention de l'Etat dans le but de soutenir le cours du dinar.

En somme de 1920 à 1922, nous constatons que le cours du dinar a beaucoup varié et surtout dans le sens de la baisse. C'est tout naturel puisque l'encaisse métallique étant passée de 543.674.215 dinars à 349.300.455 dinars, durant

(1) Pour établir le cours du dinar, nous reproduisons la cote du franc français à la Bourse de Belgrade. Le premier chiffre indique la cote minima, le second la cote maxima.

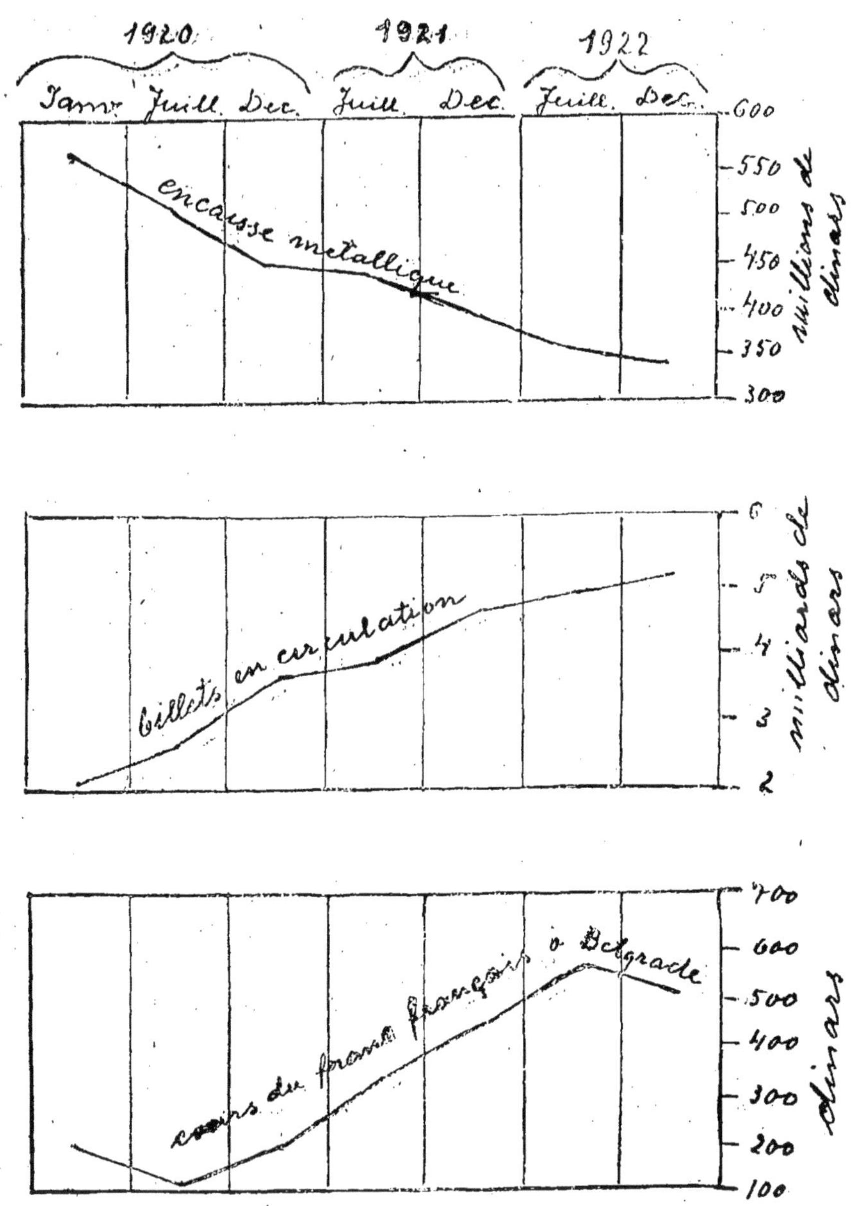
1920
1921
1922
Janv. Juill. Dec.
Juill. Dec.
Juill. Dec.
600
550
500
450
400
350
300
millions de dinars
encaisse metallique
6
5
4
3
2
milliards de dinars
billets en circulation
700
600
500
400
300
200
100
dinars
cours du franc français à Belgrade

la même période l'émission des billets a été portée de 2.123.448.440 à 5.039.883.135 dinars.

Mais, si le dinar est encore déprécié, il est cependant à l'heure actuelle quelque peu stabilisé. Ceci provient de ce que les finances de l'Etat se sont améliorées et de ce qu'il n'est plus obligé d'avoir recours à de nouvelles émissions pour couvrir ses propres dépenses.

Nous estimons donc que les principales causes de la dépréciation du dinar ont été l'émission des billets de banque pour le compte de l'Etat et la diminution des garanties. Quant à la possibilité d'une amélioration du dinar, elle ne sera réalisable que du jour où l'Etat, ayant mis de l'ordre dans ses finances, sera en mesure de retirer de la circulation les billets qui ont été émis pour ses seuls besoins. Alors seulement, tous les billets en circulation pourront être garantis par l'encaisse et par des effets de commerce, ils cesseront d'être inconvertibles, le cours forcé sera aboli et le dinar retrouvera sa valeur normale.

Vu : Pour le Doyen,
L'Assesseur délégué,
C. de BOECK.

Vu : *Le Président de la Thèse,*
J. BENZACAR.

Vu et permis d'imprimer :
Bordeaux, le 4 décembre 1923.
Le Recteur de l'Académie,
F. DUMAS.

Les visas exigés par les règlements ne sont donnés qu'au point de vue de l'ordre public et des bonnes mœurs (Délibération de la Faculté du 12 août 1879).

BIBLIOGRAPHIE

ARNAUNÉ (A.). — La monnaie, le crédit et le change, 2e édition. Paris, 1902.

GIDE (Ch.). — Cours d'économie politique, 6e édition. Paris, 1920.

JEVONS (St.). — La monnaie et le mécanisme des échanges, 2e édition. Paris, 1877.

LEROY-BEAULIEU (P.). — Traité de la science des finances, 6e édition. Paris, 1899.

— Traité théorique et pratique d'économie politique. Paris, 1896.

MELIOT (M. et A.). — *Dictionnaire financier.*

MÉMOIRES de la Banque nationale de Serbie. Belgrade, 1908.

MIATOVITCH (M.). — Essai sur les banques d'émission et l'encaisse métallique. Thèse de Montpellier, 1921.

NEDELJKOVITCH (M.). — A la veille de la solution du problème monétaire. Belgrade, 1919.

NINTCHITCH (M.). — Notre problème monétaire. Belgrade, 1919.

NOËL (O.). — Les banques d'émission en Europe. Paris, 1888.

PROTITCH (M.). — La Banque nationale du Royaume des Serbes, Croates et Slovènes. Thèse de Paris, 1922.

RADOVANOVITCH (M.). — Notre problème monétaire. Belgrade. 1919.

RAPPORTS de la Banque nationale serbe, années 1914, 1915, 1918, 1919.

RAPPORTS de la Banque nationale du Royaume des Serbes, Croates et Slovènes, années 1920, 1921, 1922.

SOLUTION de la question monétaire, *Journal officiel* du 11 janvier 1920. Belgrade.

SPALDING (W.). — Foreing exchange and foreing bills in theory and in practice, 3e édition. Londres, 1919.

STANAREVITCH (N.). — La Banque nationale serbe-croate-slovène. Belgrade, 1920.

STOYANOVITCH (K.). — L'état économique de la Serbie. Belgrade, 1908.

VOUITCH (M.). — La théorie et la pratique des banques d'émission. Belgrade, 1886.

TABLE DES MATIÈRES

DEUXIÈME PARTIE

L'émission des billets de banque en Yougoslavie.

40.542 — Bordeaux, Imprimerie Cadoret, 17, rue Poquelin-Molière.

www.ingramcontent.com/pod-product-compliance
Ingram Content Group UK Ltd.
Pitfield, Milton Keynes, MK11 3LW, UK
UKHW021549260726
13993UKWH00002B/726

9 782329 200057